Fabrice COLIN

KYLIAN MBAPPÉ

Mission Coupe du monde

Hugo Jeunesse

1

UN BALLON DANS LE BERCEAU

C'était une histoire qu'on lui avait déjà répétée à cent reprises au moins, mais il éprouvait toujours le même plaisir gourmand à se la faire raconter, comme s'il l'entendait pour la première fois.

– Quand tu as ouvert les yeux, ce 20 décembre 1998, dans cette petite chambre de la clinique des Maussins…

– L'année de la Coupe du monde ?

– Kylian, gronda gentiment son père. Laisse finir ta mère.

L'intéressée sourit, puis reprit calmement.

– Peu après ta naissance, donc, nous avons annoncé

la nouvelle à ton oncle Pierre. Il n'était pas loin de 2 heures du matin, mais il nous avait demandé de l'appeler n'importe quand. Alors, c'est ce que ton père a fait. Il faut dire que c'était quand même un sacré événement, tu te rends compte ? Tu étais le premier petit-fils de la famille...

Assis à la table de la cuisine, devant son bol de chocolat du matin, Kylian clignait des yeux avec ravissement. Quelques jours auparavant, il avait fêté son septième anniversaire avec des amis de l'école.

– Et tonton Pierre est arrivé avec un ballon.

– Exactement, répondit Fayza Mbappé. Moi, j'étais très fatiguée, tu m'en avais fait voir. Mais j'étais follement heureuse, aussi. Ton oncle est arrivé le lendemain avec un ballon sous le bras. Je lui ai demandé ce qu'il comptait en faire. Sans un mot, il l'a déposé dans ton berceau.

– Et moi, demanda le jeune garçon, les yeux brillants, je l'ai pris dans mes bras ?

– À ce qu'il paraît.

Kylian secoua la tête.

– Carrément pas possible !

Wilfrid Mbappé haussa un sourcil. Sa femme s'installa en face de son fils et croisa placidement les bras.

– Et pourquoi donc, mon petit monsieur ?

– Parce que le berceau, ce n'est *pas* une surface de réparation. Et que moi, je ne suis *pas* gardien de but. Alors, normalement, il y a faute quand on fait ça. Or, personne n'a rien sifflé.

– Qui aurait pu siffler ?

– Papa ?

Fayza le dévisagea en secouant la tête d'un air attendri. Décidément, ce garçon était plein de ressources. Et quelque chose lui disait que ce n'était que le début...

Comme le temps passait vite ! Elle se rappelait ses premiers pas, sur le trottoir de l'allée des Lilas... Ses premiers jeux de ballon, à la crèche municipale de la rue René-Char... Le gardien avait souri, un jour.

– Votre fils, c'est un sacré numéro.

– Vous pouvez développer ?

– Il passe ses journées à taper dans un ballon. Jamais vu ça. Un futur Platini, j'en mettrais ma main au feu...

Elle avait ri, alors. Platini ? Intéressante référence.

À présent, bien sûr, tout le monde ne jurait plus que par Zidane, double buteur en finale de la Coupe du monde...

Souvent, elle laissait ses souvenirs remonter au temps de sa grossesse, les neuf mois de béatitude qui avaient précédé la venue de son petit garçon. Au soir de la victoire de la France en finale de la Coupe du monde, 3-0 contre le Brésil, elle avait cru ressentir un léger tressaillement au creux de son ventre. Sûrement, il s'agissait du fruit de son imagination.

Elle n'était enceinte que de quatre mois à l'époque, son bébé ne mesurait qu'une dizaine de centimètres de la tête au coccyx, et ses yeux étaient à peine formés. Et pourtant... Quand elle le voyait jouer sur un terrain, si heureux, si habile balle au pied, elle ne pouvait s'empêcher de rêvasser. Est-ce que tout était déjà écrit, quelque part ?

– Tu devrais te dépêcher de finir tes tartines, Kylian. Si ça continue, tu vas arriver en retard à l'école.

Le jeune garçon hocha la tête et mordit avec enthousiasme dans son pain.

– Oui, chef.

Sa mère le contempla avec un mélange d'attendrissement et d'étonnement, et quitta pour quelques minutes la cuisine.

Quel caractère, déjà ! On le disait taquin, moqueur, par moments – formidablement éveillé, et curieux d'à peu près tout.

– C'est un véritable bonheur de s'occuper de lui, lui avait confié un soir sa maîtresse de maternelle. La plupart du temps, il est... comment formuler ça ? Content ? Et même quand il n'est pas content, il sait être drôle. Un peu trop, même.

De qui tenait-il ? Son père était un homme sérieux, porté sur la rigueur et la discipline. Naturellement, il lui arrivait aussi de temps à autre de s'amuser, aussi, de relâcher la pression, mais le côté facétieux de Kylian, cette fantaisie perpétuelle, c'était autre chose, qui n'appartenait qu'à lui. Ajoutez à cela une grande sensibilité exacerbée, une finesse d'esprit inattendue chez un garçon de son âge, et vous obteniez un enfant, comment formuler ça... étonnant ?

Mon amour, songea Fayza. Ma fierté.

Elle soupira d'aise. Objectivement, les Mbappé étaient une famille heureuse – épanouie, même.

Ils habitaient à Bondy, 4, allée des Lilas, au deuxième étage d'un immeuble qui en comptait quatre. Ils s'étaient installés dans ce trois-pièces pendant la grossesse de Fayza, et tout le quartier les avait accueillis avec une parfaite amabilité.

Kylian était arrivé, et puis Jirès, son grand frère ou quasi – un enfant que ses parents zaïrois avaient envoyé en France chez des soi-disant oncle et tante et qui, du jour au lendemain, s'était retrouvé à la rue, avant que les Mbappé le recueillent chez eux.

Bientôt, un petit frère ferait son apparition à son tour, et il faudrait déménager – oh, pas loin ! dans un pavillon de Bondy Sud. Pour l'heure, cependant, Kylian était le petit dernier, celui autour duquel une bonne partie du quotidien s'organisait.

Et le quotidien, pour les Mbappé, tournait essentiellement autour du football. Juste en face de chez eux, comme un symbole : le stade Léo Lagrange, le premier terrain de jeu du jeune garçon.

S'il n'y avait pas fait ses premiers pas, c'est là, sans doute, qu'il avait appris à courir. Et à taper correctement dans un ballon...

2

RÊVE DE FOOT

C'était maintenant l'heure de partir. Kylian, qui était repassé dans sa chambre pour chercher son sac, fit une pause sur le seuil. Aux murs ? Des posters de Zidane et de Cristiano Ronaldo, quoi d'autre ? Le petit garçon cligna des yeux.

Deux semaines plus tôt, lors d'un repas de famille, il avait déclaré très sobrement :

– Quand je serai grand, je jouerai en équipe de France. Et je gagnerai la Coupe du monde.

Jirès, le grand frère, qui jouait très bien au foot, avait recraché son verre d'eau.

– C'est tout ?

Pierre, son oncle, n'avait pu lui non plus s'empêcher de rire – mais sans la moindre méchanceté, bien sûr. Prenant un air redoutablement sérieux, il s'était mis à compter sur ses doigts.

– Alors, voyons... quand est-ce que tu pourrais la disputer, cette Coupe du monde ? En 2022, tu auras, quoi, 23 ans ? Ce serait pas mal pour une première participation, non ?

Fayza, attendrie, s'était bien gardée elle aussi de se moquer. Son fils, c'était là un fait établi, ne vivait que pour le ballon rond. Dès qu'il avait été en âge de parler, il avait supplié son père de l'inscrire à l'AS Bondy, où ce dernier occupait un poste d'entraîneur.

– S'il te plaît, s'il te plaît, s'il te plaît...

Wilfrid Mbappé avait longtemps renâclé.

– Tu es trop jeune, mon fils. Et trop impatient ! Nous en reparlerons un jour...

Mais Kylian ne voulait pas discuter. Il voulait jouer. Pendant des mois et des mois, il avait dû se contenter de taquiner le ballon avec les gamins de son âge, sur le petit terrain près de son école où sa mère l'emmenait chaque matin.

Parfois, malgré tout, il se rendait au club, pour regarder s'entraîner les plus grands : les U17, les U19 et même des adultes.

– Je veux jouer !

– Arrête un peu, tu sais bien que tu n'as pas l'âge.

Un jour cependant, l'un des assistants de Wilfrid avait flanqué un coup de coude à son père.

– Allez... Tu pourrais quand même le laisser s'amuser un peu.

Avec un soupir, son père lui avait lancé un ballon.

– Tiens. Tire, puisque tu y tiens tant.

Ce soir-là, Kylian avait repris un centre de volée et frappé de quinze mètres pour mettre un but au gardien... des U17. Tout le monde, à l'AS Bondy, s'en souvenait encore.

Quand il avait eu 6 ans, les choses sérieuses avaient commencé. Désormais, il était un joueur officiel du club et, deux fois par semaine, il s'entraînait sous la houlette de son père.

– Kylian ? Qu'est-ce que tu fabriques ?

Le petit footballeur ramassa son sac de classe et se dirigea vers l'entrée. Une fois de plus, il s'était laissé distraire.

– Pardon, maman. Je cherchais un truc.

Sa mère plissa le front.

– Un truc, hein. Et ton manteau, il va venir tout seul ?

Kylian se gratta le crâne et fit demi-tour. Fayza le suivit des yeux avec un pincement au cœur. C'était un enfant bourré de potentiel, elle le savait. Mais allait-il le mettre à profit ? Jirès était déjà promis à un bel avenir dans le football, il allait tenter de devenir professionnel. Deux joueurs dans la famille, ça ressemblait un peu trop à un conte de fées.

3

FOOT TOUJOURS !

– Salut les gars !

À l'école, Kylian avait sa bande de copains. Sa popularité ne souffrait aucune discussion : il était vif, intéressant et souvent très drôle. Le matin, il arrivait en faisant des checks à tout le monde. Son don pour les blagues était déjà célèbre, son arsenal impressionnant : des farces, des taquineries, des mensonges invraisemblables, débités avec un sérieux imperturbable.

– Tu as fait quoi, ce week-end ?

– Oh, rien de spécial. On était à New York.

– *Quoi ?*

Ou bien :

– Bah, la routine. Ronaldinho est venu dîner à la maison. Tu savais qu'il n'aimait pas les pâtes au saumon ?

Ses camarades se délectaient de ses saillies. À la récréation, il n'était pas rare qu'un petit groupe se forme autour de lui. Ces accès de popularité, néanmoins, finissaient souvent par le lasser vite. Presque toujours, il en revenait à sa préoccupation principale :

– Bon, on fait un foot ?

En ce qui concernait l'école, les choses n'étaient pas toujours aussi simples. Kylian s'ennuyait souvent. Et quand il s'ennuyait, il faisait des bêtises. Oh, rien de bien méchant : Mesdames, Messieurs, accueillons maintenant le clown de la classe ! Il bavardait volontiers et ne semblait guère se soucier de ce qui se passait au tableau. Une fois par semaine au moins, lors du dîner, ses parents, qui suivaient sa scolarité de très près, étaient forcés de mettre les points sur les « i ». Son père faisait les gros yeux.

– Tu dois respecter ta maîtresse, mon fils.

– Je la respecte !

— Ça veut dire : silence. Ça veut dire : apprendre tes leçons.

Ce soir-là, le garçon s'était tourné vers Jirès.

— Mais je les connais déjà, mes leçons. Tu sais combien ça fait, toi, 11 x 11 ?

— On n'en est pas là, grogna son père.

— 121. Tu fais 11 x 10, c'est facile : 110. Et il te reste 11, que tu ajoutes. 121 !

Il les dévisageait, tout fier.

— Finis ta soupe, ordonna Wilfrid d'un ton sec.

Le garçon baissa la tête vers son assiette ; ses parents échangèrent un regard effaré. Quelque temps auparavant, ils avaient fait tester leur rejeton. On leur avait dit qu'il était « surdoué ». « Il risque de s'ennuyer en classe, avait noté la psychologue. Ça ne veut certainement pas dire qu'il aura des bonnes notes partout, ça peut même être le contraire. Si quelque chose ne va pas assez vite pour lui, il va décrocher, ne plus prêter attention à ce qui se dit. Je vous conseille de rester attentifs à ça. »

Fayza et Wilfrid avaient opiné. Ils étaient bien décidés à suivre au plus près la scolarité de leur fils. Le soir venu, ils s'entretenaient avec le directeur de l'école Olympe-de-Gouges, en présence ou non de l'instituteur, pour savoir comment s'était déroulée la journée.

Notes, attitude – *tout* les intéressait. Et s'il s'était mal comporté, Kylian pouvait être sûr qu'il en entendrait parler. Cette pression permanente l'agaçait.

Pourquoi ses parents refusaient-ils de comprendre que son avenir était ailleurs ? Pourquoi tenaient-ils tant à l'inscrire au tennis, à la natation, au théâtre, à la musique ?

Lui ne désirait consacrer son temps qu'à une chose : le football. Le reste ne pouvait être qu'accessoire...

4

PETIT PRODIGE

Le terrain : voilà où Kylian se sentait réellement vivre. Voilà où s'exprimaient pleinement sa joie et son enthousiasme. Parfois, les autres joueurs s'arrêtaient de jouer pour le regarder. Balle au pied, à 6 ans, à 7 ans, il était déjà impressionnant. Un toucher instinctif, terriblement précis.

Son père, lui, était loin de s'emballer. C'était un coach expérimenté et un père avisé. Il savait que les louanges n'aident pas à progresser. Et il avait déjà fort à faire avec Jirès – un diamant brut, selon lui, qui réclamait d'être poli.

Bien sûr, de temps à autre, il n'hésitait pas à féliciter son fils pour une action particulièrement réussie, il ne s'agissait surtout pas de le mettre plus bas que terre. Mais il était surtout très important de lui faire comprendre qu'il pouvait, qu'il *devait* absolument progresser.

– Replie-toi ! Va aider les défenseurs !

Ou :

– Ce ballon, tu aurais dû le passer bien plus tôt.

Ou encore :

– Ça t'arrive de lever la tête, parfois ? Le football est un sport d'équipe !

Kylian acceptait la plupart des remontrances sans broncher. Il prenait du plaisir, il faisait ce qu'il aimait : n'était-ce pas l'essentiel ?

L'entraînement terminé, souvent, il allait trouver refuge dans les vestiaires, au milieu de plus grands. Les joueurs plus âgés en étaient venus à le considérer comme une sorte de mascotte. Chacun connaissait ses qualités de dribble, de vitesse, de percussion.

Comment ne pas tomber sous le charme de ce petit prodige ?

Kylian comprenait tout ce qui lui était demandé et

progressait à vue d'œil. Bien vite, et parce que tout le monde l'y encourageait, son père le fit jouer en U10, avec des garçons qui avaient deux ans, parfois trois ans de plus que lui.

À la maison, chaque fois que possible, il regardait des matchs. Ses deux passions ? L'équipe de France et le Real Madrid de Zidane. À d'autres moments, son père les emmenait, lui et des amis, au Parc des Princes, pour voir des matchs du PSG. Une vraie aventure… Il fallait prendre le bus, puis le métro jusqu'à République, avant d'emprunter l'interminable ligne 9…

Kylian, avant tout, aimait les Bleus et suivait tous leurs matchs.

La Coupe du monde 2006 resterait l'un de ses souvenirs les plus terribles… Longtemps, il se souviendrait de cette fichue finale opposant la France à l'Italie. Son héros Zinédine s'était fait expulser pour un méchant coup de tête adressé à un défenseur italien et, dans la foulée, les Bleus s'étaient inclinés au terme d'une séance de tirs au but.

Inconsolable, Kylian s'enferma ce soir-là dans sa chambre et décréta qu'il n'en sortirait plus avant… avant quoi, au fait ?

Très triste pour lui (et pour elle, aussi – chez les Mbappé, tout le monde semblait porter le deuil), sa mère s'obstinait à frapper à la porte de sa chambre.

– Allez, ne fais pas l'idiot. Je t'ai préparé des crêpes.

– Je n'en veux pas.

– Au Nutella ?

– Non.

Fayza se passa une main sur la figure. La situation était plus grave qu'elle ne l'avait imaginé.

– Ce n'est qu'un sport ?

– *Quoi* ?

Il avait presque crié. Elle se reprit :

– Je veux dire. La France aura d'autres occasions de gagner.

– Zidane va prendre sa retraite. C'était la dernière chance. Tout est fichu.

– D'autres prendront sa place.

– Moi ?

La poitrine de la jeune femme se gonfla.

– Par exemple.

Des pas se firent entendre, et la porte s'ouvrit doucement. La petite tête toute triste de Kylian apparut dans l'embrasure.

– Mais c'est dans longtemps, maman, non ?

Attendrie, Fayza Mbappé caressa la tête de son fils.

– Un peu.

5

UNE PASSION DÉVORANTE

Les années s'écoulaient. L'intérêt de Kylian pour le ballon rond, loin de décroître, ne faisait que s'intensifier, au point de devenir une passion dévorante. Son grand frère, Jirès, était parti jouer à Rennes. Un exemple ! Le projet du jeune garçon était de suivre le même parcours, puis de filer… au Real Madrid, rien que ça.

Au salon, une console avait été installée, avec des heures de jeu très strictes. Kylian était un acharné – et, comme il se doit, un mauvais perdant.

– Arrête de tricher, Joé !

Joé Kobo : sans doute son meilleur ami. Qui le connaissait par cœur.

– C'est toi qui triches !

– Quoi ? (De colère, Kylian balança la manette.) Vas-y, c'est nul, FIFA. On fait un Uno ?

En vérité, c'était surtout le terrain, le vrai, qui l'intéressait.

Lors d'un tournoi de U11, à Tremblay, quelque temps plus tard, son talent explosa soudain aux yeux de tous les observateurs : on aurait dit un fauve trop longtemps retenu en cage.

Les équipes en lice étaient pourtant impressionnantes – le FC Porto, le Feyenoord Rotterdam, des références internationales. Kylian, pendant ce week-end, multiplia les exploits, les buts, les passes décisives. Il évoluait aux côtés de joueurs qui faisaient parfois une tête de plus que lui, mais quelle importance ?

Il virevoltait, il s'amusait.

– Un phénomène, décréta l'assistant de son père sur le banc de touche.

– On se calme, fit Wilfrid.

Lors d'un match contre Bobigny, quelques semaines plus tard, le score restait bloqué à 0-0 à la mi-temps, et l'équipe, apparemment, n'était capable que de faire tourner le ballon. Papa Mbappé avait été appelé ailleurs. L'assistant, toujours lui, s'éclaircit la gorge.

– Écoutez, aujourd'hui, on ne va pas s'embêter. On essaie de trouver Kylian, d'accord ? On ne se pose pas de questions, on lui passe le ballon.

Ce jour-là, le petit attaquant, bien trop rapide pour ses adversaires, inscrivit quatre buts. Mis au courant, Wilfrid plissa le front.

– Un deuxième cador dans la famille, tu crois ?

L'assistant sortit un mouchoir et souffla dedans avec force.

– J'en ai bien peur.

Bientôt, comme il fallait s'y attendre, des recruteurs se présentèrent aux portes de l'AS Bondy. Les choses se savent vite, dans le foot. En une poignée de mois, la renommée du petit attaquant s'était répandue au-delà de la ville, et même de la région. On évoquait un phénomène, un petit génie, une future pépite.

– Garde ton calme, lui répétait son père. Ne prends pas la grosse tête.

– Ce serait pas mal, pourtant… Pour marquer sur corner !

Son père lui flanqua un coup de coude. Ses marques d'affection étaient rares, mais Kylian n'avait aucun doute sur l'amour qu'il lui portait. Et il avait besoin de ça. Du soutien de ses parents, des encouragements de Jirès, des regards admiratifs de ses copains de club. Dans le foot comme dans la vie, on n'est rien sans les autres…

En février 2009, Reda Hammache, recruteur du Stade rennais, fit le déplacement jusqu'en banlieue parisienne.

Sur les conseils d'un entraîneur local, il était venu assister à un match de U13 au stade Robert-Gazzi, sur un terrain dur comme du béton. Kylian, qui avait deux ans de moins que les autres joueurs, fit ce jour-là encore des merveilles.

Dès la fin du match, Hammache alla trouver Wilfrid.

– C'est à vous, ce bijou ?

– Bijou, bijou... calmons-nous. Un bijou, ça se fabrique. Je n'aime pas trop ce genre d'analogies.

– Je vois où vous voulez en venir. Et je suis bien d'accord. N'empêche qu'il faut qu'on parle.

Quelques mois plus tard, on convoqua Kylian pour un tournoi majeur dans l'Essonne. Reda, qui l'avait désormais sous son autorité, lui prodigua des consignes claires.

– Tu vas évoluer comme latéral droit.

– Hein ? Mais ce n'est pas mon poste !

– Possible. Seulement, on est déjà pourvus en attaquants de pointe. Fais ce que je te dis et reste à ta place.

Dépité, Kylian rejoignit le terrain en traînant des pieds. Suivre des instructions, ce n'était pas exactement son point fort.

Ce jour-là, il passa l'essentiel du temps dans la zone d'attaque, sourd aux récriminations de son coach. Pour finir, il inscrivit le but de la victoire. Tout content de lui, il s'avança vers Reda, s'attendant à être félicité.

– Merci de nous avoir fait gagner le match, Kylian.

– De rien !

– Problème : tu n'as pas fait ce que je te demandais.

– Oui, mais...

– C'est très embêtant, fiston. En tant qu'entraîneur, je ne peux pas me permettre d'aligner un joueur qui ne fait pas ce que je lui dis. Pour le prochain match, je te mets sur le banc. Pas de discussion.

Lors du tour suivant, comme prévu, Kylian commença la rencontre aux côtés des autres remplaçants. Il boudait, bras croisés. Bouder était un art dans lequel, depuis sa plus tendre enfance, il était passé maître. Pendant une bonne vingtaine de minutes, son équipe buta sur la défense adverse. Parfois, le jeune attaquant, d'un air de dire « fais-moi rentrer, allez ! », se tournait vers le coach, lequel l'ignorait copieusement. Puis, aux abords de la surface, un coup franc particulièrement intéressant fut soudain sifflé. Reda, alors, pivota vers son attaquant vedette.

– Tu vas rentrer, Kylian.

– Maintenant ?

– C'est trop tôt pour toi ?

L'intéressé secoua vivement la tête.

– Je joue latéral ?

– Non. Attaquant de pointe.

– Vrai de vrai ?

– Et pour commencer, tu vas me tirer ce coup franc.

Ravi, le jeune joueur se leva d'un bond. Une intuition – il en avait souvent – lui avait dit qu'il ne resterait pas longtemps sur le banc.

Ses partenaires le regardèrent entrer sur le terrain comme on accueille un sauveur. Sans un mot, Kylian plaça le ballon à l'endroit qu'indiquait l'arbitre et prit une brève course d'élan. Tout le monde retenait son souffle.

Délicatement brossé, quoique frappé avec force, le ballon s'éleva au-dessus du mur et vint se loger dans le coin de la lucarne adverse. Magique ! Tandis que ses coéquipiers se jetaient sur lui, Kylian, tel le grand Thuram en 1998 (il avait vu au moins cent fois la vidéo de cette demi-finale de folie contre la Croatie), posa un index sur sa bouche, comme s'il essayait de comprendre. Puis, empli de joie et de reconnaissance, il courut se jeter dans les bras de son entraîneur. Une complicité était née.

6

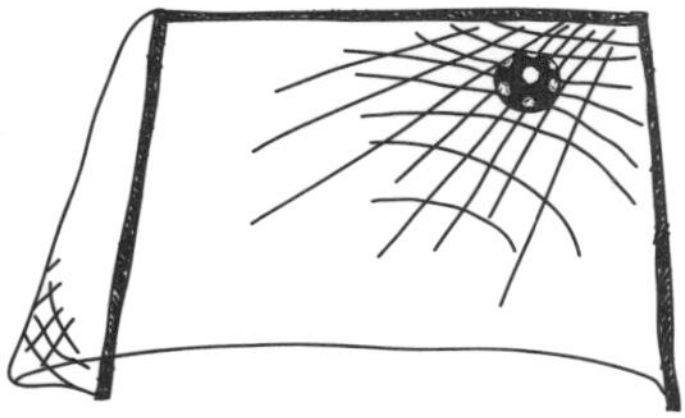

UNE RENOMMÉE NAISSANTE

Jouer à Rennes ? L'expérience de Jirès n'était pas aussi concluante qu'il l'aurait espéré. Était-ce vraiment une bonne idée pour le jeune attaquant de faire ses débuts dans le club breton ? Les parents n'en étaient pas certains.

— Il est encore très jeune, déclara son père, il a besoin de s'affûter. Nous serions idiots de brûler les étapes...

Sur les réseaux sociaux, pendant ce temps, la notoriété du tout jeune Kylian avait commencé à s'affirmer. Un youtubeur avait cru bon de poster une vidéo de ses exploits pendant le tournoi. À l'écran, les buts et les prouesses se succédaient. « Il n'a que 10 ans, disait le commentaire, mais on le compare déjà à l'immense star de Man City. Une certaine ressemblance physique, mais surtout des gestes techniques qui rappellent étrangement Robinho... »

– N'importe quoi, déclara son père quand Kylian lui fit découvrir le montage. Si tu savais à combien de jeunes joueurs on a prédit la gloire ! Neuf fois sur dix, ils sont retombés dans l'anonymat. Tu veux savoir un secret ?

– Non merci.

– L'humilité. La ténacité, aussi.

– Je suis au courant, papa.

– Se remettre en question.

– Tu me répètes ça depuis que j'ai 6 mois !

– Ha, ha.

– Avant, même !

– Oui, je me souviens, maintenant : quand tu es sorti du ventre de ta mère.

– Voilà.

Le jeune buteur referma l'ordinateur où ils avaient regardé la vidéo. Il respectait trop son père pour ne pas savoir qu'il disait la vérité. Que faire, à présent ?

Reda Hammache avait quitté Rennes pour rejoindre le RC Lens et multipliait clairement les appels du pied. Mais d'autres clubs, soudain, s'étaient mis sur les rangs : Bordeaux, Caen et le PSG, qui tenaient mordicus à lui faire signer un contrat d'exclusivité.

Un soir, une réunion de crise se tint à la table du salon. Les parents étaient là, ainsi que l'oncle Pierre. Kylian était prié d'écouter.

– Notre objectif, commença Wilfrid, c'est d'en apprendre le plus possible sur ces formations et leur projet pour toi.

– Il faut avant tout que tu te sentes bien, renchérit Fayza.

– Il serait stupide de ne songer qu'au prestige ou à l'argent, renchérit Wilfrid. La meilleure proposition, ce sera celle qui tiendra compte de ton âge, de ta marge de progression… et de nous.

– De nous ? répéta Kylian.

– De ta famille. De ton équilibre.

Le stade de Caen, décréta-t-il, avait formulé une proposition des plus intéressantes. Progressivement, ses émissaires se rapprochaient de la famille Mbappé.

« Pour nous, expliquaient-ils, c'est avant tout le critère humain qui prime. Le développement du joueur, sa progression. »

Kylian clignait des yeux. Caen ? Certes, ce n'était pas le Real Madrid. Ce n'était pas *tout à fait* ce qu'il avait espéré. Mais il faisait confiance à ses parents. Patience. Humilité.

Bientôt, une première proposition arriva sur la table. Wilfrid secoua la tête. Il n'avait pas l'air pleinement convaincu.

— Ils peuvent faire beaucoup mieux.

Le clan Mbappé fit mine de se détourner. Après tout, d'autres prétendants se pressaient. Le RC Lens, notamment, pour qui Kylian, à en croire ses dirigeants, était « une priorité ». Mais aussi le PSG, qui voulait l'emmener en tournée en Espagne, l'AS Monaco, les Girondins de Bordeaux...

Le jeune attaquant ne savait plus où donner de la tête.

— Mon pote, tu ne vas pas le croire, confia-t-il à son ami

Joé, quelque temps plus tard. Je suis invité à Londres.

– Arsenal ?

– Non. Chelsea !

– Tu veux dire... Chelsea avec Ancelotti, Drogba et tout ?

– Je crois bien, ouais...

Quelques jours plus tard, Kylian montait dans l'Eurostar et partait avec ses parents à Londres – direction le centre d'entraînement de Cobham. Jamais il n'avait traversé la Manche. Ah, Londres ! La Reine d'Angleterre, les fish and chips, les grands parcs sous la pluie et tous les clubs de foot de la capitale, tous ces rivaux acharnés, Tottenham, Arsenal, Chelsea, West Ham...

Il y eut une journée de visite, en compagnie de son grand frère Jirès, qui les avait rejoints. (Ethan, lui, était resté chez son oncle.) Puis il y eut Chelsea. La visite des installations – impressionnantes.

On lui présenta Drogba (une poignée de main brève, « comment ça, mon petit gars ? ») et les autres vedettes du club.

Surtout, il fut invité à revêtir le fameux maillot des Blues, et disputa même un match avec eux, remporté 7-0 contre les U12 de Charlton. Le jeune attaquant, qui avait inscrit deux buts, était sur son petit nuage…

Dans le train du retour, cependant, son père tempéra son enthousiasme. En un sens, c'était son job.

– Tu en penses quoi ?

– Génial.

– Tu te vois vivre à Londres ?

Kylian haussa les épaules.

– Je pourrais revenir le week-end, non ?

Wilfrid secoua la tête.

– J'en doute.

– Bon…

Son père posa une main sur son épaule.

– La vraie question, c'est pourquoi jouer à l'étranger ?

– Chelsea est un grand club.

– Peut-être un peu trop grand pour commencer, tu ne penses pas ? Si tu ne donnes pas tout de suite satisfaction, tu disparaîtras dans les limbes... comme beaucoup d'autres avant toi. La compétition sera sans pitié. Tu es sûr que c'est ça que tu veux ?

Fayza abaissa le magazine qu'elle était en train de lire.

– Doucement, Wilfrid.

– Mais j'ai raison, non ? Londres serait un trop grand changement pour nous tous. Il faut se montrer raisonnable.

Kylian, une fois de plus, croisa les bras.

– Vous n'avez pas d'ambition.

Sa mère reposa son magazine et se pencha vers lui pour reboutonner correctement sa chemise.

– Au contraire. On a l'ambition de faire les choses intelligemment, de façon progressive. *Le lièvre et la tortue*, tu connais ?

– Tu es en train de dire que je suis une tortue ?

– Et pourquoi pas ? fit Wilfrid, se rencognant dans son fauteuil. Une Tortue Ninja, si tu préfères.

7

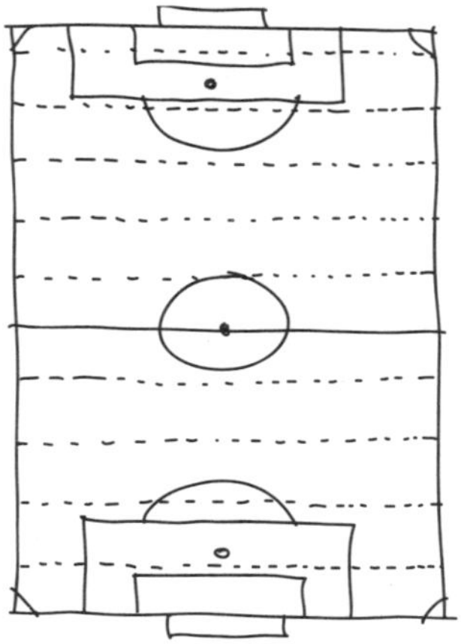

UN CHOIX DIFFICILE

À la fin ne restaient plus que deux clubs – deux formations françaises, les plus déterminées à faire signer Kylian : Lens et Caen. Le Stade Malherbe, en vérité, n'avait jamais abandonné l'idée d'attirer le jeune prodige dans ses filets.

Au mois de mai 2011, les parents de Kylian demandèrent – et pourquoi pas ? – à rencontrer le coach des professionnels, Franck Dumas.

Celui-ci accepta sans détour et reçut la famille dans une ambiance des plus détendues. Il arriva en retard, un sandwich à la main.

– Ça commence bien, glissa Fayza en catimini à Wilfrid.

Tu es sûr qu'on est au bon endroit ?

La suite, pour une fois, lui donna tort. Franck Dumas était un homme affable, très drôle et extrêmement intéressé par la venue de Kylian.

À un moment, son entraîneur adjoint passa la tête dans l'embrasure.

– Euh, Franck, en ce qui concerne l'entraînement... ?

On était à la veille d'un match décisif pour le maintien. Pour autant, le coach n'avait pas l'air de paniquer.

– Commence sans moi. Les joueurs savent ce qu'ils ont à faire.

La réunion dura trois heures, durant lesquelles Franck posa des dizaines de questions au jeune attaquant. Kylian, un peu intimidé au départ, se mit à prendre ses aises.

– Donc, tu as refusé Chelsea ?

– On pensait que c'était un peu tôt.

– « Tu » pensais, ou « tes parents » pensaient ?

– Au départ, c'était eux, répondit l'intéressé sans se démonter. Moi, ça ne me dérangeait pas de commencer là-bas. Mais après j'ai réfléchi. Je n'ai que 11 ans. J'ai encore tout le temps devant moi.

Franck se frotta les mains.

– Excellente analyse, sans vouloir te flatter. Écoute, mon grand, on ne va pas te mentir : on aimerait énormément que tu viennes jouer chez nous. Tu as un immense potentiel, c'est indéniable, seulement il ne faut surtout pas le gâcher. Ici, tu auras le temps dont tu as besoin. Et quand nous te jugerons prêt, nous n'hésiterons pas à te faire jouer avec les pros. Tiens, on l'a fait le mois dernier avec M'Baye Niang, et il n'a que 16 ans, alors tu vois : ça peut vraiment arriver tôt.

Kylian et ses parents quittèrent la Normandie ravis et a priori convaincus. Dans leur tête, le choix était fait : Caen plutôt que Lens. Quelques semaines plus tard, les Sang et Or descendirent en Ligue 2, en compagnie de Monaco. Le stade Malherbe de Caen, lui, s'était maintenu. N'était-ce pas un signe du destin ?

Wilfrid ne tarda pas appeler le responsable de la cellule de recrutement. Toute la famille était réunie autour de lui.

– Bien. Je crois que c'est vous qu'on a choisis !

Une proposition fut rapidement ficelée. Kylian

intègrerait le centre de formation deux ans plus tard, en 2013. Si tout se déroulait comme prévu, il ne tarderait pas à passer pro.

Son petit frère, ce soir-là, se jucha sur ses genoux.

– Tu vas marquer des buts à la télé ?

– Et comment !

En attendant, Kylian devait relever un autre défi : l'INF de Clairefontaine. Le camp de base des Bleus, où la fine fleur de la jeunesse footballistique d'Ile-de-France faisait ses premières armes.

– Tu n'as pas la pression ? lui demanda Joé, quelques jours avant son départ.

– Je ne sais pas. C'est quoi, la pression ?

Ça sonnait comme une boutade, mais ce n'en était pas complètement une. Rien ne semblait pouvoir déstabiliser le gamin de Bondy. Et pourtant... Le soir, dans son lit, il avait l'impression que le monde tanguait autour de lui.

Thierry Henry, Nicolas Anelka, Blaise Matuidi : voilà quelques-uns des cadors qui étaient passés par l'INF. Et maintenant, c'était son tour.

Sans surprise, il avait passé les épreuves de sélection haut la main : il faisait partie des vingt-deux joueurs retenus sur plus de deux mille candidats présélectionnés à travers toute la région.

Il aurait pu se ronger les ongles, mais ce n'était pas son genre. Aller de l'avant, tel était son credo. Il était motivé comme jamais. Deux ans de formation dans le meilleur centre de France, au milieu de la forêt... Des cours au collège, certes, mais surtout, un entraînement haut de gamme pendant toute la semaine... Pouvait-il rêver mieux ?

Une nouvelle vie s'offrait à lui. De nouveaux horizons.

Tous les dimanches soir, le petit attaquant, conduit par son père, s'en irait rejoindre le centre pour la semaine. Il dormirait là-bas, suivrait son programme sports et études, et repartirait le vendredi soir à Bondy pour retrouver sa famille et jouer avec son club – les U15 de la ville.

Le jour de la rentrée, Kylian affichait le large sourire qui, déjà, faisait sa réputation. « Profite de ce qui t'arrive », lui avait répété maintes fois son père.

Fayza lui caressait gentiment la nuque ; ce n'était pourtant plus dans ses habitudes « Mon petit garçon géant… » répétait-elle d'une voix étranglée. Elle refusait de se l'avouer, mais il était clair qu'elle se faisait du souci. Kylian était si jeune encore. À peine sorti de l'enfance, déjà lancé dans le grand bain…

– Tu es sûr que ça va aller ?

– Carrément ! Qu'est-ce qui pourrait clocher ?

– Oh, des broutilles, répondit sa mère, je me fais sans doute des idées. Mais va savoir… On pourrait te manquer ?

– Ah ça ! (Il balaya l'hypothèse d'un revers.) Non, ça roule, j'ai déjà fait la connaissance des autres, ils ont l'air super cool. Et puis, on se retrouvera pour les week-ends et les vacances. Vous allez enfin pouvoir souffler un peu !

Il blaguait, comme souvent, mais au fond de lui et sans qu'il puisse l'avouer à ses parents, un soupçon de tristesse s'était niché. Ethan lui manquait déjà, son petit frère si mignon. Les bêtises de Jirès, et puis les copains de Bondy, bien sûr…

Il n'était pas encore sorti de l'enfance que, déjà, il quittait le nid familial. Oui, le foot valait bien des sacrifices. Mais allait-il passer ce cap aussi facilement qu'il l'affirmait ?

8

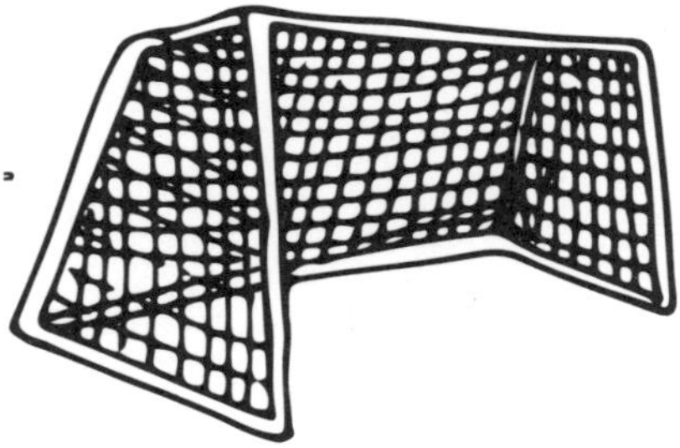

LE DÉFI DE CLAIREFONTAINE

Dès les premières semaines, la plupart de ses doutes furent dissipés. L'ambiance à Clairefontaine lui plaisait énormément : enfin un endroit où on parlait foot en permanence, où on pensait foot, où on dormait foot – enfin un endroit où le foot était le roi. Où aurait-il pu se sentir davantage chez lui ?

Au vrai, le temps passait vite. Entre les cours, les entraînements et les révisions le soir, il avait à peine le loisir de reprendre son souffle.

Très vite, comme à l'école, Kylian se tailla une réputation de blagueur professionnel. Un chambreur de première. Dans le bus qui emmenait les pensionnaires au collège, il était le premier à lancer des *battles* de chant – mais pas le premier à les gagner !

– Pitié ! imploraient les autres. Nos oreilles !

Alors, Kylian en rajoutait : bras en l'air, il esquissait trois pas de danse, chaloupait du bassin, sautillait comme un démon, et les autres se tordaient de rire.

– Encore ! Encore !

Le soir venu, une fois les devoirs terminés, le gamin de Bondy jouait aux cartes avec ses potes et improvisait parfois des parties de cinq-contre-cinq en descendant du balcon en douce, au nez et à la barbe des surveillants.

La concurrence, ici, était rude plus encore qu'ailleurs : il côtoyait tous les meilleurs joueurs d'Ile-de-France, et plus grand monde ne le considérait comme un génie – ou alors, il n'était pas le seul.

Toujours, il lui fallait se remettre en question. Soigner le physique. Travailler dur pour améliorer son jeu. Insister sur ses points forts (le dribble, la vitesse) et ne rien lâcher sur ses points faibles (le placement, le jeu collectif).

Au début, il s'était accroché à l'idée qu'un club l'attendait à sa sortie – ce n'était pas le cas de tous ses partenaires. Mais, à mesure que l'année avançait, son inquiétude grandissait. Du côté du stade Malherbe de Caen, les choses n'avaient plus l'air aussi limpides.

– Le club connaît quelques difficultés, lui expliqua un jour son père dans la voiture qui les ramenait chez eux. Financières, notamment.

– Ça veut dire que ça ne va pas se faire ?

Wilfrid Mbappé avait le regard dans le vague.

– On surveille ça de près, crois-moi, on fera toujours ce qui est le mieux pour toi... Toi, concentre-toi sur le football.

Au printemps 2012, la mauvaise nouvelle se confirma : Caen allait descendre en Ligue 2. L'accord tenait-il toujours ? À table, le week-end, le sujet occupait une bonne partie des conversations.

– C'est vraiment un problème d'argent ? demanda Fayza, inquiète.

– On ne devrait pas tarder à en savoir plus, lui répondit son mari.

– Il devrait aller à Rennes, plaidait Jirès.

Kylian, qui dévorait son steak, essayait de ne pas prêter

attention à leurs discussions. Pour l'instant, il était à Clairefontaine, il devait se concentrer sur son jeu, rester attentif à ses axes de progression. Quelque temps plus tôt, il avait appris que sur les vingt-deux joueurs de sa promotion, seuls six ou sept deviendraient des joueurs professionnels, et un frisson de panique lui avait vrillé l'échine. « Et si je n'y arrivais pas ? Et si je n'étais pas aussi bon que je le pensais ? »

– C'est drôle que tu t'inquiètes pour ça maintenant, lui avait fait remarquer un copain. Normalement, le doute fait partie de la vie de n'importe quel sportif.

Eh bien voilà : il faut croire que même chez Kylian, le doute pouvait exister. Un club qui descend, un coup de fil qui tarde, qui tarde et qui n'arrive pas, une période un peu plus creuse en club... Des nuages se profilaient à l'horizon, son optimisme naturel commençait à s'éroder. Que se passerait-il si, au terme de ces deux années de formation, il se retrouvait sans club ?

Kylian avait toujours été d'un naturel débonnaire, positif. Pour lui, les choses finissaient toujours, d'une façon ou d'une autre, par s'arranger. Ces derniers temps, cependant, il avait plus de mal à trouver le sommeil.

Un jour, comme il fallait s'y attendre – comme Kylian, en tout cas, le redoutait –, le responsable de la cellule recrutement de Caen passa aux Mbappé un coup de fil dont, il le reconnut lui-même, il se serait bien dispensé.

– Nous n'allons pas pouvoir prendre Kylian.

– Répétez ça ?

C'était Fayza, ce jour-là, qui avait décroché.

– Nos problèmes de trésorerie se confirment. On adorerait le faire venir, vraiment, tout le monde ici est très enthousiaste à son propos. Mais si on fait ce choix-là, alors on devra licencier un ou deux de nos employés. Dans l'état actuel des choses, vous comprendrez que ce n'est pas concevable.

La mère de Kylian avait du mal à garder son calme.

– Fantastique. Superbe timing ! je vous félicite. Et maintenant, comment faisons-nous ?

– Je suis réellement désolé...

– Pas autant que moi, je vous prie de me croire.

J'ai fait savoir à tous les autres clubs qu'on signait chez vous. Vous pensez qu'ils vont réagir comment, quand je vais les rappeler ?

– Je comprends... répétait piteusement le responsable à l'autre bout du fil, et Fayza, qui savait qu'il disait vrai, sentit sa colère retomber.

Pourquoi s'obstiner ? Mieux valait se tourner vers l'avenir et tenter de transformer ce coup du sort en opportunité.

– Changement de plan, annonça-t-elle ce soir-là à table tandis que son époux, sombre comme un soir d'hiver, repoussait son steak du bout de sa fourchette.

9

UNE INCROYABLE RENCONTRE

En vérité, le clan Mbappé ne resta pas longtemps dans l'inaction. En novembre 2012, un scout du Real Madrid était venu observer Kylian à l'insu de la famille. À présent, les responsables du club au maillot blanc voulaient le voir et discuter. Quand ses parents lui annoncèrent la nouvelle, le petit prodige se mit à improviser une danse de la joie.

— Mortel ! Il est où, le nouveau Zidane ? Il est où ?

Mais une fois de plus, son père se chargea de le ramener sur terre.

— Mon fils, l'intérêt du club est plus que flatteur, je ne te dirais pas le contraire. Mais ta mère et moi pensons que ce ne serait pas, sur un plan stratégique, une très bonne idée que de partir maintenant.

– Comment ça ?

– La dernière chose que nous voulons faire, c'est brûler les étapes.

– Alors, on ne va pas y aller ?

Les deux parents se regardèrent. Wilfrid soupira.

– Si. Si, on va y aller. De toute façon ça n'engage à rien. Et puis, ton anniversaire arrive bientôt, non ?

Le visage du petit attaquant s'illumina.

– C'est vrai ? Ce n'est pas une blague ? Direction Madrid ?

– Je ne blaguerais jamais à propos du grand Real, répondit son père. Allez, va préparer tes affaires...

La formation madrilène, pour l'occasion, avait mis les petits plats dans les grands. Cette fois, les Mbappé partaient à cinq – avec l'oncle Pierre et Alain Mboma, un vieil ami de la famille, souvent de bon conseil.

À la sortie de l'aéroport, un chauffeur au crâne rasé attendait les visiteurs, avec une pancarte à leur nom. Kylian se tourna vers son oncle.

– Tu te souviens de ce que je t'avais dit, le jour de mes 10 ans ?

L'oncle Pierre se gratta le crâne.

– On parle de cette fois où je t'ai offert la maquette du stade Santiago-Bernabéu ?

– Exact : je t'avais promis qu'un jour, ce serait moi qui vous emmènerais dans les loges. Eh bien, tu peux te préparer, tonton !

Les quatre jours passés dans la capitale espagnole se révélèrent idylliques... Presque irréels, en vérité.

Le premier soir, Kylian et les siens furent invités à assister à une rencontre du Real contre l'Espanyol Barcelone. La rencontre se solda par un match nul, 2-2 – clairement pas un bon résultat pour les Madrilènes – mais quelle ambiance au stade Santiago Bernabéu, quelle ferveur ! Jamais de sa vie le jeune attaquant n'avait été dans un endroit pareil : 80 000 spectateurs, 30 000 de plus que le Parc des Princes... Un instant, il essaya de s'imaginer ce que cela pouvait faire, de fouler une telle pelouse, de jouer devant de tels supporters.

Au centre de formation, le lendemain, la famille fut accueillie par Zinédine Zidane en personne. Kylian était pétri de timidité, mais essayait de ne pas le montrer. Après quoi, ayant chaussé ses crampons, il fut invité à participer à un entraînement et joua même une rencontre.

Quel kif ! Quelle chance incroyable ! De temps à autre, il s'arrêtait pour se pincer le bras. Non, non, ce n'était pas un rêve.

Peu avant le départ, le dernier jour, on lui annonça qu'il allait rencontrer des joueurs.

– Regarde, là-bas... lui souffla son père.

De l'autre côté du banc de touche, ballon sous le bras, un joueur leur tournait le dos, en grande discussion avec Zidane.

– Est-ce que c'est...

– Cristiano Ronaldo, lui-même. Allez viens, on va lui dire bonjour.

Le père attrapa son fils par le bras. Kylian était trop éberlué pour opposer la moindre résistance.

– Excusez-moi…

Ronaldo se retourna, tout sourires. En grand professionnel, il savait très bien ce qu'on attendait de lui.

– Alors, c'est toi, le petit génie ? demanda-t-il en français.

Il avait préparé sa question. Kylian ricana bêtement. Que répondre à ce héros ? Prenant le jeune garçon par l'épaule, Cristiano, très à l'aise, fit signe aux parents d'approcher, ainsi qu'au photographe du club.

Avec un naturel confondant, Kylian, qui avait recouvré ses esprits, prit la pose : deux doigts levés en signe de victoire. Lui, le petit gamin de Bondy, aux côtés de son idole absolue ! D'un côté, il avait du mal à se dire que tout cela était réel. De l'autre, il sentait bien qu'il n'était pas *aussi* étonné qu'il aurait dû l'être.

Quelque chose en lui résistait à tous les doutes, à toutes les interrogations. Ce chapitre-là, il en était convaincu, n'était que le premier d'une formidable odyssée.

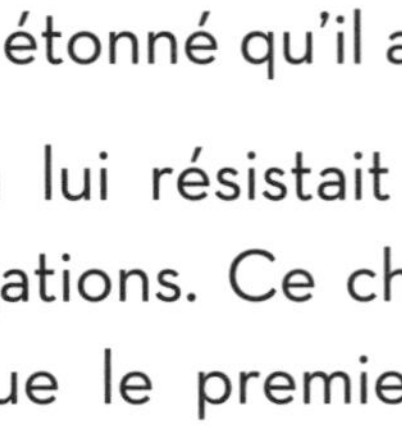

10

AUX PORTES DU MONDE PRO

De retour en région parisienne, Kylian s'empressa de raconter à tout le monde l'hallucinante aventure qu'il venait de vivre. À l'appui de ce qui, aux yeux de ses copains, ressemblait à des racontars, il y avait les photos, bien sûr. Une collection complète. Kylian était au paradis.

– Alors là, c'est moi avec Zizou. Et ici, avec Ronaldo. Vous en pensez quoi ?

Les autres ne trouvaient rien à répondre. Présenté comme ça, ça paraissait presque normal, naturel. Mais, évidemment, ça ne l'était pas, pas du tout.

C'était dingue.

Autour de lui, la foule de ses admirateurs ne cessait de grandir. On se pressait autour de lui. Même les adultes venaient jeter un œil.

— Sérieusement, tu vas jouer là-bas ? demanda quelqu'un.

Kylian haussa les épaules.

— Pour l'instant, on en discute surtout en famille. Disons que ça n'en prend pas le chemin.

— Tu rigoles ? Attends, on parle quand même du Real de Ronaldo, là !

Le jeune attaquant sourit.

— Vous pensez que je ne suis pas au courant ? J'étais là-bas, les mecs. Seulement, j'ai 14 ans. Imaginez. Je vais aller là-bas, et puis quoi ? Vous imaginez vraiment qu'ils vont me faire direct une place en équipe première ? Je ne parle pas espagnol, en plus. Il faudrait que j'apprenne — la galère. En fait, je devrais changer complètement de vie. Genre, on ne se verrait plus, déjà.

Les autres secouèrent la tête. Voilà une perspective qui ne les enchantait pas du tout.

— Alors, tu vas aller où ? lui demanda son gardien.

La vérité, c'est que la décision n'avait toujours pas été prise. Chelsea ou Manchester City (qui s'était ajouté à la liste des prétendants) ? S'ils disaient non au Real, ce n'était pas pour lui dire oui à eux – la question de l'isolement restait entière. Les Girondins de Bordeaux ? Leur discours avait plu aux parents de Kylian, mais est-ce qu'il ne leur manquait pas un petit quelque chose ?

Le PSG ? C'était une sérieuse possibilité. Après tout, Kylian était né en région parisienne, non ?

La famille était encore en train de réfléchir – des dizaines de prospectus gisaient étalés sur la table du salon – lorsque, un jour de printemps 2013, le téléphone sonna de nouveau.

Kylian, qui se tenait sur ses gardes, avait décroché avant tout le monde – avant même son petit frère Ethan, qui était tombé en courant.

– Hé ! Salut mon vieux !

– C'est qui ?

– Reda. Reda Hammache. Rennes, le RC Lens... Tu m'as déjà oublié ? Je n'arrive pas à y croire.

Il avait émis un rire nerveux. Kylian renifla.

– Salut, Reda. Dis donc, ça fait hyper-longtemps !

Ses parents s'étaient rapprochés. Il leur fit signe qu'il avait la situation en main.

– Ouais, un sacré bail, en effet. Il se trouve que j'ai été pas mal occupé ces derniers mois. Il paraît que tu es allé faire le beau au Real Madrid ?

Kylian haussa les sourcils.

– Comment est-ce que tu sais ça ?

– Oh, le milieu du foot n'est pas aussi vaste que tu l'imagines. De mon côté, comme je te disais, les choses ont évolué. Je suis à l'AS Monaco, maintenant.

– Ah oui ?

– Oui. Et si tout se passe bien, cette année, on devrait retrouver la Ligue 1. Comme tu le sais sans doute, le club a été racheté il y a un peu plus d'un an. Le nouveau proprio s'appelle Dmitri Rybolovlev – il a beaucoup d'argent et de grandes, grandes ambitions pour le club.

– Il paraît.

Kylian faisait celui qui n'était pas trop au courant, mais la vérité, c'est qu'il connaissait très bien la situation de l'ASM. Il avait lu des articles dans *L'Équipe*, dans

France Football... Rien de ce qui touchait à l'actualité du ballon rond ne lui était étranger.

– Je vais aller droit au but, comme on dit : pour l'année prochaine, tu as déjà fait ton choix ?

Le jeune attaquant jeta un coup d'œil à ses parents.

– Euh...

Son assurance s'effritait. Wilfrid, qui comprenait ce qui se tramait, lui fit signe de lui passer le téléphone. Ce qu'il fit sans discuter.

– Salut, Reda. Quoi de neuf ?

Un brin frustré, Kylian alla s'asseoir sur le canapé à côté de sa mère et prit Ethan sur ses genoux. Il n'entendait plus ce qui se disait et il avait la désagréable impression d'être tenu à l'écart.

– Vous ne déciderez pas sans moi, hein ?

Sa mère lui offrit une moue désabusée.

– Est-ce qu'on l'a déjà fait ? C'est normal, que tu ne te sentes pas 100% à l'aise. Il s'agit de sujets hautement complexes, et c'est bien si on peut t'aider à y voir plus clair, ce n'est pas plus mal.

Kylian opina du chef.

Entre Reda et son père, la conversation se prolongea pendant une bonne demi-heure. Enfin, Wilfrid raccrocha et vint reprendre sa place dans son fauteuil, en face de sa femme et de son fils. Ethan était parti au lit. Kylian et sa mère attendaient avec impatience le verdict paternel.

– Intéressant, ce coup de fil. Je lui ai rappelé que notre dernière discussion s'était terminée en eau de boudin. Il était d'accord. Il m'a expliqué comment ça se présentait à Monaco. Ils ont un gros projet, vraiment. Toute l'équipe dirigeante a été repensée, du sol au plafond. Ils voudraient qu'on aille là-bas pour se rendre compte et rencontrer des gens.

Fayza hocha pensivement la tête.

– Tu en penses quoi, sincèrement ?

– Je pense que ça vaut au moins la peine qu'on y réfléchisse.

– Kylian ?

Le jeune attaquant se leva.

– Allons voir.

Ainsi en fut-il décidé.

À Monaco, apparemment, on avait beaucoup réfléchi aux moyens de faire signer le jeune attaquant de Bondy. Et les arguments étaient solides.

Le clan Mbappé pesa avec soin le pour et le contre et, le 3 juillet de cette même année, un contrat de trois ans fut signé, avec 400 000 euros à la clé.

Kylian, ce jour-là, ne sauta pas de joie. Il aimait le projet, il aimait l'idée de rester en France et il sentait que le club irait loin. Mais un sentiment nouveau se faisait jour en lui. Comment le dire ? Il se sentait soudain habité par un esprit de sérieux. Des responsabilités nouvelles pesaient sur ses épaules. Il arrivait aux portes du monde pro. Plus personne ne le considérait comme un enfant.

Posant pour les photos avec le maillot de l'AS Monaco, floqué du numéro 7, il leva son verre de jus de pomme en l'honneur de la grande décision qu'il venait de prendre. Rien n'était fait, et il le savait pertinemment.

Il en avait terminé avec l'INF, il avait dit au revoir à ses amis, il allait passer de chouettes vacances en famille et il allait partir à Monaco pour montrer à ces gens ce dont il était capable.

11

NUMÉRO 7 À L'AS MONACO

Ça aurait dû être le paradis : c'est ainsi, du moins, qu'il s'était représenté les choses – sa nature était foncièrement optimiste.

Monaco, perle du Sud perchée sur son rocher, était un endroit fascinant. Une ville opulente, et plus encore : des magasins de luxe à chaque coin de rue, des voitures de sport rutilantes, des stars et des palaces prestigieux.

Le stade Louis II, aussi, qui avait vu s'ébattre des joueurs aussi fameux que George Weah et, plus récemment, Thierry Henry et David Trezeguet.

Mais il y avait mieux : depuis quelque temps, qui plus est, on savait que de nouveaux grands joueurs allaient fouler la pelouse de Louis II. Pour son retour en Ligue 1, l'ASM avait mis le paquet : Radamel Falcao et James Rodriguez avaient quitté l'Atlético de Madrid et le FC Porto pour une petite fortune. Autre pépite annoncée ? Anthony Martial, un jeune de 17 ans qui arrivait de l'OL et à qui on promettait un avenir en or.

Kylian, lui, n'avait pas encore 15 ans, mais son nom circulait déjà dans les coulisses. *France Football*, début juillet, lui avait offert une petite interview. (« Tu as vu ça ? répétait-il à Jirès au téléphone. Tu as vu comment je suis beau gosse sur la photo ? »)

Dans cet entretien, le jeune attaquant, étonnamment mesuré, parlait de ses espoirs et de ses ambitions. « Mieux vaut viser la lune ; comme ça, si tu échoues, tu retombes sur un nuage. » Au fond de lui, cependant, le natif de Bondy avait souri. L'échec ? Pas vraiment une option. Sa trajectoire semblait toute tracée : plus haut, toujours plus haut.

Pour sa première année, Kylian était logé, comme ses partenaires, sous les arcades du stade Louis II. Chaque matin, il prenait le bus avec le reste du groupe pour rejoindre La Turbie, une petite ville située à une dizaine de kilomètres, où se trouvaient les installations sportives. Le matin, comme à l'INF, il lui fallait *encore* suivre des cours – l'obtention du bac, aux yeux de ses parents, restait un objectif non négociable. L'après-midi ? Place au ballon.

Wilfrid Mbappé, qui avait loué un logement au Cap d'Ail dans le seul but de suivre les progrès de son fils, assistait à la plupart des séances d'entraînement.

Au bout de quelques semaines, il se rendit compte que quelque chose n'allait pas. Sur le terrain, un malaise se faisait jour. Et ce malaise avait un nom : Bruno Irles, le coach de l'équipe.

Censé disputer le championnat national des U17, Kylian n'était que rarement titularisé. Son entraîneur, pas spécialement impressionné par sa technique, lui reprochait sans cesse son manque d'investissement en défense.

Assez vite, de vives discussions eurent lieu entre lui et Wilfrid Mbappé.

– Vous lui reprochez quoi, au juste ?

– Kylian ? Il ne s'investit pas pour l'équipe. Pas autant que je le voudrais.

– Il marque des buts, non ?

– Je vous le répète : il ne défend pas assez.

– C'est un attaquant, au cas où vous ne l'auriez pas remarqué !

– Ça ne le dispense en aucun cas de faire des efforts pour ses coéquipiers.

– Je peux vous poser une question ?

– Faites donc.

– Si vous aviez Messi sous vos ordres, vous lui demanderiez de se replier ?

– Kylian Mbappé n'est pas Leo Messi.

La discussion paraissait mal embarquée. Dès septembre 2013, à sa grande surprise, Kylian fut envoyé en championnat U17... de division d'honneur. Évidemment, il survolait les débats. Mais ne plus jouer avec l'équipe première l'irritait au plus haut point et sapait son moral. Il ne comprenait pas ce qui lui valait une telle mise à l'écart.

Un soir qu'ils dînaient tous les deux dans un restaurant de fruits de mer dominant la baie, son père lui posa franchement la question.

– Tu es heureux, ici ?

Kylian plongea le nez dans son assiette. Malheureux, il ne l'était jamais vraiment. Du moment qu'il pouvait jouer au foot... Mais il était clair que la situation ne lui convenait pas. Pas du tout, même.

– En DH, c'est vachement physique. Les types sont des bourrins, ça risque de mal finir.

– Ton coach objectera que ça te donne du temps de jeu...

– Mais, papa, j'ai carrément le niveau pour jouer en équipe première !

– J'ai cru comprendre que certains de tes coéquipiers étaient soumis au même traitement. Vrai ou non ?

Kylian regarda son père dans le blanc des yeux.

– Je ne veux pas me vanter, tu me connais, mais...

– Mais ?

– Je crois que je suis meilleur qu'eux.

Wilfrid se gratta le nez. Le regard dans le vague, il réfléchissait.

– Il me semble qu'une discussion avec la direction s'impose.

– Je ne veux pas vous embêter... se justifia le jeune garçon, penaud. Il faut reconnaître que ce n'était pas vraiment comme ça que je voyais les choses.

Son père lui tapota la main.

– Moi non plus. Ne t'inquiète pas : on va régler ce problème.

Entre l'équipe dirigeante et l'entourage de Kylian, comme on disait, une réunion fut promptement organisée. Wilfrid était remonté. Il n'était pas venu faire tapisserie.

– Mon fils en DH, c'est une blague. Surtout, ce n'était pas ce qui était convenu. Vous êtes en train de gâcher son talent.

– Monsieur Mbappé...

– Et puisque l'heure du grand déballage paraît arrivée, ce n'est pas tout. Ce que je vois à l'entraînement ne me plaît pas, pas du tout. La façon dont Bruno Irles parle aux joueurs. Kylian tient le coup, mais il soutient que certains de ses coéquipiers sont au bord de la dépression. Ils pleurent la nuit !

La direction écoutait, attentive, un peu surprise, aussi. Les dirigeants allaient se pencher sur la question. En attendant, décision fut prise de cesser d'envoyer le jeune attaquant en DH.

Le problème, cependant, était loin d'être réglé. Car Kylian, désormais, ne jouait plus non plus en équipe première, ou alors trop rarement. Une seconde réunion fut donc organisée, à laquelle, cette fois, Bruno Irles fut convié.

– Kylian n'est pas malheureux, attaqua-t-il : il le dit lui-même. Seulement, il faudrait qu'il s'aguerrisse.

– Il a surtout besoin d'être écouté et compris, rétorqua Wilfrid. Vous connaissez comme moi l'importance d'un environnement affectif favorable. Il se trouve que je suis également entraîneur, ...

– Votre fils joue à la star.

– Pardon ? Non, non, je le connais. Il ne joue pas. Jamais.

Bruno Irles, nerveux, faisait cliqueter son stylo.

– Qu'est-ce que vous nous demandez, au juste ? Vous pensez que nous devrions le sélectionner en pro sans discuter ?

Wilfrid regarda par la fenêtre.

– Je ne suis pas le patron de cette équipe, et encore moins du club. Mais Kylian mérite un autre traitement. Le Real le voulait, et pas qu'un peu, je vous prie de me croire. Manchester City frétillait, et j'en passe. Vous croyez que ces gens ont du caca dans les yeux ?

Bruno Irles secoua la tête.

– Je crains que nous ne parlions pas la même langue. Pour moi, cette discussion ne mènera nulle part. Comme vous le dites si bien, vous n'êtes pas le patron. Alors laissez-moi faire mon travail.

12

« JE SAIS CE QUE JE VAUX ! »

La situation paraissait sans issue : Kylian jouait toujours aussi peu.

Un jour de printemps 2014, lors d'un tournoi disputé dans les environs de Nantes (un match contre Bordeaux), Bruno fit une énième remarque à Kylian sur son replacement. L'attaquant eut un geste d'agacement – du genre « laissez-moi tranquille. » Scandalisé, le coach le sortit immédiatement, sans lui dire un mot.

Pierre Mbappé qui, des tribunes, assistait à la rencontre avec son frère, faillit descendre pour « régler le problème ».

– Non mais pour qui il se prend, celui-là ?

Son frère le retint.

– Du calme. L'énervement ne nous mènera nulle part.

Pierre le toisa, étonné.

– Tu vas laisser faire ?

– Bien sûr que non. Mais là, tout de suite : ce n'est pas le moment.

Une énième entrevue fut organisée. Cette fois, c'était la dernière, répétait-on de chaque côté, histoire de faire monter la pression.

Sauf que Wilfrid Mbappé, habitué à ce genre de joutes, était bien décidé à ne pas s'en laisser conter. Si une solution n'était pas rapidement trouvée, déclara-t-il sans ambages, son fils irait voir ailleurs. Ce n'étaient certes pas les propositions qui manquaient…

Ce jour-là, le directeur du centre de formation, Frédéric Barilaro, jugea bon d'intervenir en personne.

– Cher Monsieur, inutile de vous fâcher. Je suis certain que nous pouvons trouver une solution. Kylian, quel est ton point de vue ?

Assis entre son père et son oncle, le jeune attaquant releva la tête.

– Il me faut du temps de jeu, c'est tout. C'est comme ça que je progresserai, et pas autrement.

Barilaro tourna les pages de son dossier.

– Je lis ici que tu as joué... 1175 minutes avec l'équipe première. Ce n'est pas si mal, mm ? Cinq buts, trois passes décisives... C'est bien, mais pas de quoi crier au génie.

– Je suis d'accord.

L'autre le dévisagea, surpris.

– Réellement ?

Kylian se gratta le coude, une moue boudeuse aux lèvres.

– Il faut me faire confiance, Monsieur, ce n'est pas plus compliqué que ça. Je sais ce que je vaux. Et je vaux cent fois mieux que ça.

Le directeur, qui continuait à tourner les pages, soupira. Les deux frères Mbappé, offensifs, ne le lâchaient pas du regard.

– Tu sais quoi ? J'ai envie de te croire, Kylian. Si tu le veux, tu vas terminer l'année avec les U19, que je dirige. Ainsi, je garderai un œil sur toi et je pourrai juger sur pièces. Bruno Irles, de toute façon, quittera le club dans quelques semaines. Tu n'auras plus affaire à lui. Je ne suis pas en train de te dire que tu as raison et qu'il a tort : seulement que tu ne pourras plus t'abriter derrière vos divergences de points de vue. Tu en as sous la semelle ? Tu veux tout casser ? Parfait ! C'est le moment ou jamais de nous prouver tout ça.

13

UNE ANNÉE DE RECORDS AVEC LES U19

La saison 2014-2015 commença bien mieux que la précédente.

Au début de l'été, Kylian avait vu la France échouer en quarts de finale de la Coupe du monde face à l'Allemagne (trépignant de rage, devant sa télé, il était même retourné dans sa chambre en serrant les poings quand le coup franc fatal, celui qui allait mettre un terme à l'aventure des Bleus, vint se loger dans la lucarne de Lloris) mais, curieusement, cela avait encore renforcé sa détermination.

– Dans quatre ans, lança-t-il à ses parents, on ira au bout !

Une fois de plus, Wilfrid et Fayza s'étaient gardés d'émettre un commentaire. Leur fils sous-entendait-il vraiment qu'il allait participer à cette compétition ? On ne savait jamais réellement, avec lui.

Toujours est-il que le jeune attaquant faisait désormais partie intégrante des U17 de l'AS Monaco. Le premier match fut un succès : premier doublé sur la pelouse de l'OGC Nice (une victoire 6-2 d'excellent augure).

Frédéric Barilaro, qui, comme il l'avait promis, surveillait attentivement les progrès du jeune prodige, le sélectionna plusieurs fois avec les U19.

À la fin de décembre, Kylian avait déjà marqué huit fois avec les U17 et deux fois avec les U19. Il s'était fait aussi remarquer en Youth League – la Ligue des champions des U19 – en donnant une passe décisive lors d'un match hélas perdu.

Lors de la seconde partie de saison, il ne quitta quasiment plus l'équipe des U19.

– J'attends plus de toi ! lui répétait son coach. Encore et encore !

Kylian inscrivit six nouveaux buts. Une confiance nouvelle l'habitait. La saison 2015-2016 s'annonçait très prometteuse... Elle allait être bien plus que cela.

Le jeune attaquant de 16 ans avait grandi, c'était incontestable. Il n'était plus le gamin chétif des débuts.

Sa voix avait mué, des poils lui poussaient sous le menton et il avait commencé à s'étoffer physiquement : rien ne semblait lui faire peur.

Un an plus tard, lors d'une interview pour un site Internet, il reviendrait sur cette année comme on se rappelle un rêve. Lui-même semblait avoir du mal à y croire.

Journaliste : Le 3 octobre, après sept matchs, vous aviez déjà inscrit dix buts en U19.

Kylian : Oui, et deux passes décisives, aussi. C'était assez dingue. Il fallait que je continue le travail physique, que je prenne des kilos – je parle du muscle, hein ! – parce que je jouais souvent avec des types qui avaient deux ans de plus que moi. Je travaillais très dur pour ça.

J : Bientôt, vous avez commencé à évoluer en CFA : l'antichambre de l'équipe pro.

K : Oui, et là, j'ai eu la chance de marquer assez rapidement – lors des troisième et quatrième matchs. Je me suis fait remarquer, comme on dit. Il se trouve que, au même moment, l'équipe première marquait un peu le pas en championnat. Ils connaissaient des problèmes en attaque, ils avaient des blessés. Un jour, on m'a demandé d'aller m'entraîner avec eux.

J : À la mi-novembre, c'est bien ça ?

K : Exact. Je n'avais pas encore 17 ans, donc c'était un peu bizarre, les autres joueurs ne me connaissaient pas du tout, ils ne comprenaient pas ce que je faisais là. Même le coach Jardim se grattait la tête. Quand je lui ai raconté que j'étais au club depuis quasi trois ans, il a eu l'air étonné.

J : Le 29 novembre de cette année, donc, vous êtes convoqué dans le groupe qui se déplace à Marseille.

K : Ouais, pratique : ça ne faisait pas trop loin, pour une première [rires]. Ce soir-là, je n'ai pas joué. Mais trois jours plus tard, contre Caen, si. Dans les dernières minutes... Bon, ça ne nous a pas permis de gagner, mais quand même.

J : Quand même, en effet : à 16 ans, 11 mois et 12 jours, vous êtes devenu le plus jeune joueur du club à évoluer en pro. Supplantant Thierry Henry.

K, songeur : Je l'ai appris après coup. Sincèrement ? Un immense honneur. Pour moi, Thierry Henry, ça reste le top du top, le modèle absolu. Sur le coup, je n'ai pas réalisé.

J : D'autant que l'aventure continue, sans répit : quelque temps plus tard, vous jouez en Europa League contre Tottenham et, pour vos débuts, vous signez une passe décisive. Et le 20 février 2016, pour votre... neuvième apparition en pro, je crois, vous marquez contre Troyes dans le temps additionnel. Là encore, un record volé à Thierry Henry.

K, hilare : Ah, ah, je lui ai vraiment tout pris, alors. Désolé, Thierry [rires]. Bon, à ce moment-là, j'avoue, je ne pensais pas du tout à la performance. J'ai simplement jeté un œil aux tribunes, où se trouvaient mes parents. J'étais hyper-ému.

J : Cette soif de records, c'est quelque chose qui est venu progressivement, ou ça a toujours été là ?

K, malicieux : Disons que je m'intéresse pas mal aux statistiques. Et que j'aime les défis.

J : À cette époque, il faut en parler aussi, nombreux sont les clubs qui s'intéressent à vous. Le Real, le Bayern, Dortmund, le PSG, Lyon...

K : Et des clubs anglais, Manchester United, Liverpool, Arsenal...

J : Toute l'Angleterre, quoi !

K : Non, pas Tottenham, hélas [rires]. J'ai eu pas mal de rendez-vous avec la direction du PSG, notamment. Bien sûr, c'était tout à fait séduisant, ils avaient une grosse équipe, construite pour tout rafler. Mais il y avait Arsenal, également. Et Arsène Wenger est même venu en région parisienne pour rencontrer ma famille !

J : Qu'est-ce qui vous a fait vous décider pour Monaco, en fin de compte ?

K, pensif : Déjà, ça faisait un bon moment que j'étais ici. Ils m'avaient donné ma chance, ce n'était pas illogique que je reste. Jardim me l'avait soufflé, un jour, en me faisant entrer sur le terrain. « Laisse-toi deux ans. » Mais surtout, aucun des grands clubs que nous avons cités ne pouvait me garantir une place de titulaire.

Monaco, si. Or, moi, je dois jouer. Le plus possible.

J : Comme tout le monde.

K : Oui, mais moi c'est encore plus spécial [rires]. Je suis un attaquant, j'ai faim de buts. Plus je marque, plus j'ai envie de marquer, c'est un cycle infernal. J'ai besoin de confiance. J'ai besoin d'être dans une dynamique de succès.

J : Le conseiller sportif du club, Luis Campos, raconte qu'il a parlé avec votre mère...

K : Elle m'a raconté ça. Il lui a dit que si j'allais à Paris ou à Arsenal, les autres joueurs risquaient de me prendre gentiment de haut. Genre « c'est qui ce microbe ? » [rires]. À Monaco, je suis déjà connu. Je sais que je peux aider le club.

J : Quelques mots sur la coupe Gambardella, que vous avez remportée.

K, ravi : Ah oui, c'était dingue. Une super-aventure. Mon premier vrai trophée, en fait.

J : Vous n'avez pas joué les premiers tours...

K, tout sourires : Non, moi, j'étais occupé avec l'équipe première. Quand on a gagné contre le PSG au parc, par exemple. [rires]. En fait, j'ai rejoint les copains pour la demi-finale, contre Brest.

J : Des débuts pas si simples, à ce qu'on dit...

K : Eh non : parce que je n'étais plus habitué à évoluer avec des partenaires aussi jeunes. Et puis, je ne m'étais pas entraîné avec eux, on avait encore du mal à se trouver.

J : Ce qui ne vous empêche pas de marquer le premier but.

K, fier : En effet, juste avant la mi-temps. Ensuite, Cardona a marqué aussi, et ça a été réglé. On avait la main sur le match. On n'a jamais été trop inquiets, en définitive.

J : Et vous avez gagné le droit de jouer une finale au Stade de France !

K, rayonnant : C'est chez moi, là-bas. J'étais super-content, j'en avais déjà vu, des finales de coupe Gambardella. Sauf que là, c'était à moi de jouer.

J : Ce que vous avez fait avec brio.

K, modeste : Disons que ça s'est bien passé, oui. Le RC Lens n'était pas trop dans le coup. À la vingt-neuvième, j'ai profité de la glissade d'un défenseur pour traverser la moitié du terrain, et glisser le ballon à Irvin [Cardona]. Et puis, en seconde mi-temps, c'est devenu plus fluide encore, j'ai inscrit mon doublé, avec ce but à la quatre-vingt-douzième...

J : Votre joie faisait plaisir à voir...

K : J'étais venu pour aider les copains à atteindre le sommet, et c'est ce que j'ai fait. C'est très différent d'une victoire en Ligue 1. C'était... un trophée, et au Stade de France, comme on a dit.

J : On imagine que vous avez fêté ça joyeusement !

K : Vous savez, je ne suis pas encore majeur, donc... [rires]. Je suis d'abord rentré chez moi pour reprendre mes esprits, avec mes parents, et puis on est allés dans ce restaurant qui faisait boîte de nuit... Bon, moi, je n'ai pas de problèmes de timidité, et j'aime bien danser, donc... c'était cool. Mais je suis resté sage. Je fais le clown, mais à l'intérieur, je reste tranquille – comme mes parents m'ont appris.

J : Bref, on aurait pu croire que votre saison allait se terminer sur ce magnifique point d'orgue mais, visiblement, vous êtes insatiable.

K, étonné : Comment ça ?

J : Le Championnat d'Europe des U19.

K, hilare : Ah, oui. Ça a été bizarre, cette affaire.

J : Bizarre ?

K : Oui, ils ont fait appel à moi en mars, alors que je n'avais jamais été invité en U17, je ne sais pas trop pourquoi. Il se trouve que j'ai été décisif lors des deux derniers matchs de qualification, et c'est comme ça que j'ai gagné ma place. Maintenant, il faut terminer le boulot, dans quelques jours en Allemagne. Comme je le répète souvent, une compétition, ça ne se joue pas, ça se gagne.

J : On vous souhaite bonne chance, en tout cas. Un dernier mot : vous venez de passer l'épreuve de philosophie du bac. Vous pensez avoir réussi ?

K : On verra bien. Le sujet que j'ai choisi, c'était : « Pouvons-nous justifier nos croyances ? » Ça peut avoir un rapport avec le foot. Cette année, ce qui serait bien pour mes parents, c'est qu'on gagne le Championnat d'Europe des U19 et que j'aie mon bac. Ça ferait deux médailles en plus ! [rires].

D'une certaine façon, les vœux de Kylian se réalisèrent. Sauf qu'il n'obtint le bac qu'au rattrapage, en septembre, alors que le Championnat d'Europe fut remporté dès le mois de juillet, et avec la manière.

Le nouvel attaquant de l'ASM inscrivit un but en phase de poules contre la Croatie, puis un doublé dans un match très important contre les Pays-Bas. C'était étrange. Personne ou presque, au pays, ne se souciait de cette compétition. Les U19 ? Qui ça ?

Quelques jours auparavant, l'équipe de France de Griezmann et Lloris avait échoué en finale de l'Euro contre le Portugal, au terme d'un match qu'elle n'aurait jamais dû perdre. Une fois encore, Kylian, devant l'écran de télévision, avait rongé son frein. « Mais ce n'est pas possible ! On est maudits, ou quoi ? »

Un jour viendrait, se promit-il, où la France brandirait de nouveau un trophée – l'Europe ou le Monde, qu'importe.

En attendant, il y avait une compétition à gagner. Et ce fut donc chose faite, le 24 juillet, avec une éclatante victoire contre l'Italie, sur le score de 4-0, discrètement saluée par les médias.

– Une victoire, ça reste une victoire... souligna Wilfrid. Félicitations, mon fils. J'espère que tu vas y prendre goût.

Kylian, qui venait de fêter ce triomphe dans le vestiaire avec ses coéquipiers, serra comme jamais ses parents dans ses bras.

Quelle année extraordinaire, quand même ! Certes, le natif de Bondy n'avait pas marqué, cette fois, mais ça n'avait aucune espèce d'importance ; après la coupe Gambardella, il venait d'ajouter un trophée à son palmarès.

Place maintenant à la Ligue 1 et à la Champions League – dont Monaco avait gagné le droit de disputer le tour préliminaire. De nouveaux défis fabuleux l'attendaient !

14

SUR LE BANC

Une fois encore, pourtant, des vents contraires se mirent à souffler sur le Rocher. Certes, Kylian était revenu un peu après les autres, à cause de ce fameux Euro. Certes aussi, il était bien jeune pour prétendre à une place de titulaire en équipe première. Il n'empêche ! En ce début de saison, le jeune attaquant était bien peu utilisé à son goût.

– Franchement, confia-t-il à son oncle un jour de septembre, je commence à trouver le temps long.

Assis à une table de café, dans le centre de la ville, ils sirotaient des eaux gazeuses. Tout à l'heure, un petit garçon avait demandé un autographe à Kylian. Une première !

– Le vent va tourner, mon grand.

– Quel vent ? (Le jeune attaquant avait relevé la tête.) Pour l'instant, moi, je ne sens rien.

– Tu es tellement impatient. Il faut que tu travailles là-dessus.

– Dis-moi un truc que je ne sais pas.

Pierre pianotait sur la table, cheveux au vent.

– Ce qui t'arrive, c'est normal, ça va s'arranger.

– J'espère.

Le jeune attaquant vida son verre, l'air concerné, et se frotta le front. Tout avait commencé lors d'un match contre Guingamp, disputé en août. À la suite d'un duel aérien, tête contre tête, Kylian était retombé presque K.-O. Il avait été immédiatement emmené à l'hôpital. Diagnostic ? Traumatisme crânien. Un mois d'arrêt complet. Difficile à avaler pour un joueur si remuant !

Le jeune attaquant devait désormais suivre les matchs des tribunes. Problème ? L'ASM effectuait – sans lui – un départ de saison exceptionnel et enchaînait les victoires. Lors de la quatrième journée, les Rouge et Blanc avaient infligé au PSG une victoire nette et sans bavure : 3-1. En Ligue des champions, l'ASM s'était aussi distinguée en écartant Villareal. La saison promettait d'être grandiose. Pas facile, pour Kylian, de prendre son mal en patience.

Finalement, ce n'est que le 10 septembre, en CFA, qu'il put retrouver les joies du terrain. Passe décisive, bon match... Le jeune buteur était certain de retrouver rapidement l'équipe première. Et justement ! En Ligue des champions, Monaco s'apprêtait à affronter Tottenham. Kylian, surmotivé, s'entraînait dur dans cette perspective. Quelle ne fut pas sa surprise, donc, lorsqu'il apprit qu'il ne faisait même pas partie du groupe des vingt et un !

Dégoûté, le jeune attaquant quitta le centre d'entraînement sans un mot pour ses coéquipiers. À sa mère, au téléphone, il confia son amère déception.

– Non mais tu imagines ? Ils ont mis Corentin Jean à ma place !

– Qui ça ?

– Exactement. Un type qui a été prêté à Troyes. Je veux dire, je n'ai rien contre lui, mais il n'a quasiment jamais joué. Pourquoi est-ce que le coach me fait ça ?

– Il a sans doute ses raisons, mon chéri.

– Il ne me les a pas expliquées.

– Tu es en droit de lui demander des comptes.

Kylian, vexé, ne le fit pas. Et, au cours des semaines suivantes, la situation ne s'arrangea guère.

Contre Rennes, Nice et Angers, bien que sélectionné, le jeune attaquant ne joua pas la moindre minute. Face à Leverkussen, en Champions League, il eut droit à un minuscule quart d'heure. Puis à huit minutes contre Metz quelques jours plus tard.

Au sein du clan Mbappé, la colère montait. Elle éclata dans une interview donnée par le père au journal *L'Équipe*, le 13 octobre.

Wilfrid déplorait le temps de jeu famélique de son fils. Celui-ci dépérissait, ajoutait-il. Il n'était heureux que lorsqu'il jouait. « Tirez-en les conclusions qui s'imposent. » Une réflexion serait menée lors du mercato d'hiver. Peut-être d'autres clubs se montreraient-ils plus disposés à mettre Kylian sur un terrain...

L'interview, hélas, n'eut pas l'effet escompté. Jardim, peu intimidé par cette sortie, persistait à laisser le jeune prodige sur le banc.

Lors des dîners avec son père, à Monaco ou dans les environs, Kylian essayait de calmer le jeu. L'ambiance était électrique, Wilfrid ne décolérait pas.

— Ils sont au courant que Manchester City a fait une offre de 40 millions ? Et que Barcelone est venue aux nouvelles ? Et Leipzig ? Ils m'appellent tous les trois jours. Je ne comprends pas. Non, je ne comprends pas…

15

KYLIAN SAISIT SA CHANCE

21 octobre 2016. Monaco-Montpellier, dixième journée du Championnat de France de Ligue 1. Jardim avait décidé que le moment était venu de redonner sa chance à Kylian.

Le match avait pourtant bien mal commencé : ouverture du score précoce de Montpellier. Sauf que lors de la première mi-temps, le natif de Bondy se montra soudain intenable, comme à ses meilleurs jours. À la trente-cinquième minute, après une série d'actions très dangereuses, il poussa un défenseur à la faute. Et Falcao, chargé de transformer la sentence, ne se fit pas prier : 1-1 à la mi-temps.

La démonstration ne faisait pourtant que commencer.

Quatre minutes après le retour des vestiaires, Kylian inscrivit un but de la tête au second poteau. Puis délivra deux passes décisives – l'une à Valère Germain, l'autre à Thomas Lemar.

– *Yes* !

Tourné vers les tribunes, cherchant son père du regard, l'adolescent ne se sentait pas de joie.

Et si le match, spectaculaire, se termina sur le score fleuve de 6-2, là n'était pas l'essentiel : un gamin de 17 ans venait d'être impliqué dans quatre buts de son équipe. À peine croyable !

La presse, ce jour-là, se montra dithyrambique : comme si elle découvrait le phénomène Mbappé. *Monaco Matin*, le journal local, lui attribua un exceptionnel 8/10. Devant les micros, comme à son habitude, Kylian la joua modeste :

– Le coach m'a donné ma chance et je pense que j'ai réussi à la saisir.

Que dire de plus ? Non seulement le jeune attaquant avait séduit par son jeu, ses qualités de finisseur, ses appels foudroyants mais, en plus, il avait charmé les caméras : un garçon étonnamment mûr et réfléchi, qui s'exprimait avec élégance et évitait tous les poncifs.

Pas de doute, la machine était lancée.

La fin d'année, dans la foulée, s'avéra exceptionnelle. Lors de ses quatre matchs complets d'avant la trêve, Kylian délivra encore deux passes décisives et marqua une fois. Entré en cours de jeu face à Nancy, il inscrivit en fin de rencontre le but du 6-0.

Mais là ne fut pas son plus grand exploit : le 14 décembre, en Coupe de la Ligue contre Rennes, Kylian signa tout simplement un triplé – en un peu moins d'une heure de jeu. À même pas 18 ans, il était le plus jeune joueur du club à réaliser un tel exploit. Ses partenaires en restaient sans voix.

– Chaque matin, déclara-t-il quelques jours plus tard lors d'un reportage télévisé, je me lève pour être meilleur qu'hier, pour gagner des titres.

Lors du dernier match de l'année, au lendemain de son anniversaire, il offrit sa cinquième passe décisive.

L'ASM était merveilleusement parti en championnat, et faisait plus que de l'ombre à l'ogre parisien.

En Champions League, l'équipe s'était qualifiée pour les huitièmes de finale. La deuxième partie de saison s'annonçait passionnante...

16

DES JOURS AVEC ET DES JOURS SANS

Le 21 février, les choses sérieuses reprirent pour Monaco. L'équipe de Kylian était attendue sur la scène européenne, où elle devait affronter le redoutable Manchester City de Guardiola. En Angleterre, personne ou presque n'avait entendu parler de ce jeune joueur, pourtant titulaire ce soir-là, aux côtés de Falcao.

Très vite, les supporters comprirent à qui ils avaient affaire. Au terme d'un match complètement fou, que les Monégasques, s'ils avaient été plus rigoureux, auraient pu aisément remporter, l'équipe de Guardiola s'imposa 5-3.

Lors du retour, quinze jours plus tard, les données étaient claires : il fallait l'emporter par deux buts d'écart.

– Je le sens bien, répétait Kylian à ses coéquipiers. Pas vous ? Il faut qu'on joue libérés, sans pression.

Son enthousiasme juvénile gagnait ses coéquipiers. Avec lui, se disaient-ils, tout est possible.

Et ils avaient raison. Dès la huitième minute, sur un centre de Bernardo Silva, Kylian montra le chemin aux siens. Ouverture du score, déjà !

Le jeune attaquant était fou de joie. Il jouait comme il aimait : libéré, sans pression. Jamais il n'était aussi dangereux que quand il prenait du plaisir.

À la vingt-neuvième, il initia une contre-attaque éclair, qui se termina par un but de Fabinho. Ce soir-là, l'ASM l'emporta 3-1, sortant, contre toute attente, l'un des favoris de l'épreuve.

Après la France, l'Europe apprenait à connaître Kylian Mbappé.

Comme un fait exprès – mais ce ne pouvait être un hasard, lui confirma son père –, ce fut le lendemain que le natif de Bondy apprit qu'il était retenu en équipe de France : pour un match de qualification pour la Coupe du monde face au modeste Luxembourg, puis pour une rencontre amicale contre la prestigieuse équipe d'Espagne.

Si, pour la première rencontre, Kylian ne rentra qu'à la soixante-dix-huitième minute, sans s'illustrer particulièrement, Didier Deschamps l'aligna d'entrée face à l'Espagne. Hélas ! Ce fut un match compliqué pour les Bleus, qui s'inclinèrent 2-0 chez eux, au Stade de France, et le jeune attaquant, même s'il s'était l'un des Français les moins en retrait, ne pouvait se satisfaire d'un tel résultat.

– Ça m'énerve, expliqua-t-il le lendemain à sa mère au téléphone. J'ai l'impression que les bonnes choses ne durent jamais.

– C'est le foot. Il y a des jours avec et des jours sans.

– Mais je suis pressé, moi ! Mine de rien, la Coupe du monde arrive. Je ne peux pas manquer ce rendez-vous.

Elle avait beau le connaître mieux que personne, Fayza était stupéfaite : ce garçon n'en avait jamais assez. La Coupe du monde, déjà ? Elle avait du mal à imaginer cette perspective. Et pourtant. Pourtant, son fils en était bien là. Jouant le titre en Championnat de France. Qualifié en Ligue des champions. Sélectionné en équipe de France.

Aux yeux de Kylian, cependant, rien de tout cela n'était suffisant. Il avait faim de titres. De gloire ! Et pour commencer, il lui fallait rebondir. Retrouver sa place.

Cela tombait bien : la Ligue des champions était déjà de retour. Une fois encore, lors du match aller à Dortmund, le jeune attaquant sut répondre présent : il inscrivit un but par mi-temps et permit à son équipe de s'imposer 3-2 en Allemagne... et de prendre ainsi une grosse option sur la qualification.

Ce soir-là pourtant, un drame avait eu lieu, qui dépassait de loin le simple cadre du football et qui éclipsa partiellement sa performance : la veille, l'équipe allemande avait été victime, sur le passage de son bus, d'un attentat à la bombe qui avait fait deux blessés légers. De l'avis général, la catastrophe avait été évitée de justesse. Kylian, qui était resté en contact avec son ami Ousmane Dembélé, qu'il côtoyait chez les Bleus et qui jouait à Dortmund, l'avait appelé le soir même au téléphone.

– Ça va, mon pote ? Je me suis fait un sacré souci, tu sais.

– Ouais, ça roule : on n'a rien. N'empêche qu'on a eu vachement les jetons, je ne te le cache pas. Au début, on ne comprenait pas du tout ce qui se passait.

– Je sais. L'essentiel, c'est que tout le monde soit sur pied. On est avec vous, les gars. Demain, c'est du foot, et on donnera tout. Mais la vraie vie est ailleurs. Tu diras aux autres qu'ils ont tout notre soutien. Et aux supporters aussi.

Le message fut passé… et apprécié à sa juste valeur par les intéressés.

La cote de Kylian ne cessait de grimper. Non seulement il savait se montrer sensible, faire preuve de compassion, mais il avait réalisé un match extraordinaire. Un penalty obtenu et deux buts, donc, dont l'un inscrit au terme d'un raid fantastique au sein de la défense adverse, ponctué par un superbe enroulé du droit juste sous la barre.

Dans la foulée, le jeune attaquant s'était fendu d'une interminable glissade et avait croisé les bras, en relevant la tête : sa nouvelle célébration, qui allait bientôt être connue dans le monde entier.

Le match retour se révéla presque une formalité. But, dès la troisième minute de l'inévitable... Kylian Mbappé. Bras croisés, tête redressée, le jeune natif de Bondy, tout sourires, semblait défier l'adversité.

L'AS Monaco, sorti des qualifications, allait-il créer une énorme surprise en accédant à la finale de la plus prestigieuse des compétitions européennes ?

Hélas ! Cette année-là, l'aventure s'arrêta en demi-finales, contre la redoutable Juventus de Turin qui venait d'éliminer le FC Barcelone.

Kylian était arrivé sur le terrain du stade Louis II accompagné de son petit frère, Ethan, qui lui tenait la main. Il ne réalisa pas, tant s'en faut, le plus grand match de sa carrière. Quelques actions mal négociées, que Buffon, le gardien des Bianconeri, détourna sans difficulté.

Le jeune attaquant était déçu. Peut-être avait-il trop attendu ce match, peut-être avait-il trop gambergé ?

Lors du retour, en revanche, finie la pression. Après avoir perdu sur leur terrain, les Monégasques n'avaient pas le choix : ils devaient se ruer à l'attaque. Une nouvelle fois, les Turinois l'emportèrent – sur la marque de 2-1. Kylian, qui réduisit le score, était celui qui avait posé le plus de problèmes à Buffon et à ses coéquipiers. L'ASM, que personne n'attendait à ce niveau, quittait la compétition la tête haute. Désormais, plus personne n'ignorait qui était Kylian Mbappé.

17

MBAPPÉ LE « MAGICIEN », MEILLEUR ESPOIR DE LA LIGUE 1

Restait le championnat. En début de saison, à cause de son effectif, et du fait qu'il venait de remporter quatre fois de suite la compétition, le PSG avait été donné comme grandissime favori. Mais une donnée n'avait pas été prise en compte. Et cette donnée, c'était Kylian.

Le jeune attaquant empilait les buts, donnait le tournis aux défenses adverses. Le 5 mars, après un doublé contre le FC Nantes, *L'Équipe* avait titré : « Le Magicien ».

Wilfrid, son père, veillait au grain.

– Ton statut a changé. Maintenant, tu es connu, et plus que ça, même. On te redoute. Les équipes adverses vont mettre en place des plans pour te neutraliser. Tout va devenir plus compliqué. Il va falloir trouver des parades. Hausser, une fois de plus, ton niveau de jeu.

– Je sais, papa.

Sûr de sa force, le prodige ne s'inquiétait pas. À Monaco, la situation était devenue idyllique. Il brillait sur le terrain, et s'amusait en dehors. Le Rocher découvrait son chambreur, son boute-en-train. Comme à l'INF, Kylian chantait à tue-tête, faisait des blagues à chaque entraînement, prenait ses coéquipiers en photo dans des situations embarrassantes et s'amusait sur les réseaux sociaux. Sa bonne humeur était contagieuse. Cette année était *son* année. Inspirés par son exemple et par ses buts, ses coéquipiers se surpassaient à chaque match.

Les résultats, bien sûr, n'étaient pas systématiquement au rendez-vous. En finale de Coupe de la Ligue, le 1er avril à Lyon, le match de Monaco ressembla à une blague. Pendant quelque temps, les Rouge et Blanc firent illusion. Mais Paris, qui s'était fait humilier en Ligue des champions par Barcelone un peu plus tôt dans la saison, avait soif de revanche. Résultat ? Un 4-1 net et sans bavure. Durant la rencontre, une fois n'est pas coutume, Mbappé s'était révélé quasi absent.

– Même les meilleurs ont des trous d'air, le rassura son père. L'important, c'est de rebondir.

Bras croisés, tête basse, Kylian ruminait sa défaite. Compétiteur dans l'âme, il ne supportait pas de perdre. L'occasion lui avait été donnée de garnir son armoire à trophées avec un premier titre pro, et il l'avait laissée passer.

– Tu avais raison, confia-t-il à son père. Ils m'attendaient. Ils ne m'ont fait aucun cadeau.

Plusieurs jours plus tard, il ruminait encore sa défaite. Mais le jeune attaquant était doté d'un moral hors pair. Restait le championnat – dans lequel il brillait de mille feux.

Le 15 mai, personne, et surtout pas son entourage, ne fut surpris d'apprendre qu'il avait obtenu le titre de meilleur espoir de Ligue 1, succédant ainsi à son comparse Ousmane Dembélé.

Kylian se fendit d'un commentaire bien sage :

– C'est bien de voir que le travail est récompensé. Ça me pousse à continuer de travailler, pour aller le plus haut possible.

En vérité, il n'avait pas été autorisé à se rendre à Paris pour recevoir son trophée car, deux jours plus tard, Monaco recevait Saint-Étienne pour un match capital. Un nul, et le titre serait promis aux Rouge et Blanc !

Mais pourquoi se contenter d'un nul ? À la dix-neuvième minute, lancé par Falcao, Kylian sema deux défenseurs, effaça le gardien adverse et glissa le ballon dans le but vide. C'était, toutes compétitions confondues, sa vingt-sixième réalisation de l'année, sans compter ses quatorze passes décisives. Des statistiques hallucinantes pour un joueur aussi jeune.

– D'autant que tu n'as que très peu joué lors de la première partie de saison, lui rappela son père. Tu peux faire encore mieux, mon fils !

Ce soir-là, le Rocher avait été en fête comme jamais. Lors de la conférence de presse de Jardim, peu avant 23 heures, les joueurs avaient déboulé pour semer la pagaille, dansant et chantant comme des fous. Survoltés, hilares, tous brandissaient leur téléphone portable pour prendre photos et selfies. Tous... sauf Kylian.

Un brin en retrait, le jeune attaquant souriait, mais ne se joignait pas aux célébrations. On aurait dit que son esprit voguait ailleurs.

Le lendemain, attablé avec sa mère devant un copieux petit déjeuner, il s'en expliqua auprès d'elle.

– Moi, je voulais regarder le feu d'artifice. Un téléphone, ça aurait servi à quoi ? Les gens prennent des photos et, ensuite, ils ne les regardent jamais.

Elle lui tapota la main.

– La sagesse de mon fiston... Et tu n'es pas non plus allé t'amuser avec les autres ?

– En boîte ? Pfff, pas mon truc. Enfin, pas en ce moment. J'ai parlé aux gens de Bondy, au fait. On s'est mis d'accord. Je vais aller présenter le trophée là-bas.

– C'est bien. De te souvenir.

– Oui. Je sais que je dois beaucoup aux gars, là-bas. Et j'ai été heureux, dans cette ville – *on* a été heureux. C'est passé tellement vite...

Sa mère, attendrie, se pencha au-dessus de la table pour lui caresser la joue.

– Oui. Tu as changé, et tu n'as pas changé. Continue à croire en toi. Nous serons toujours là pour te soutenir, tu sais.

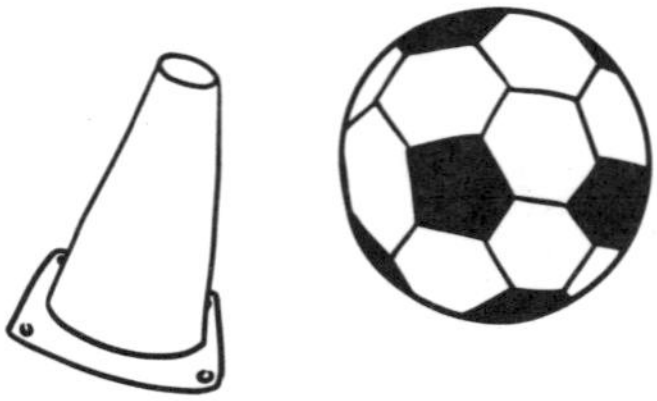

18

LE PETIT PRINCE PARISIEN

Kylian Mbappé allait-il rester à l'AS Monaco ?

Vadim Vasilyev, le vice-président du club, était bien décidé à « tout faire pour le garder ». Le jeune avant-centre, cependant, hésitait.

Depuis quelque temps, son nom était associé à des rumeurs ahurissantes. Le Real Madrid le désirait ardemment. Le président Pérez était prêt à mettre 100 millions d'euros sur la table : une somme à donner le tournis.

Mais le Real n'était pas le seul sur le coup. Manchester United se tenait aussi à l'affût, Mourinho avait fait du natif de Bondy sa priorité numéro 1.

Les dirigeants monégasques, pour l'heure, demeuraient inflexibles. Ils connaissaient maintenant la valeur de leur joueur : pas seulement monétaire, mais sportive. Ils étaient conscients de ce qu'il pouvait leur apporter.

– Ils ont refusé une offre du Real de 130 millions, apprit un jour Wilfrid à son fils. Ils sont en contact avec la Juventus, et quatre ou cinq clubs anglais. Pour l'instant, on en est là. Attendons, et revenons au plus important : tu dois t'occuper de tes matchs en bleu...

Il disait vrai. Le 2 juin, une rencontre amicale contre le Paraguay attendait la France. Kylian, touché à la cuisse, avait été préservé. Toute la presse, cependant, l'attendait au tournant. Le possible départ du petit prodige était devenu « le » feuilleton de l'année. S'il partait, disait-on, s'il choisissait un trop grand club, il prenait le risque de ne plus être titulaire. C'est du moins ce qu'on disait. Lui n'était pas de cet avis.

– Pourquoi moins jouer ? répondit-il à un journaliste. Ce n'est pas quelque chose qui me fait peur. Je connais ma valeur.

Wilfrid approuvait ce discours.

– Si des clubs sont prêts à débourser de telles sommes, ajoutait-il, ce n'est certainement pas pour te laisser sur le banc. Ne pense pas à ça. L'équipe de France, voilà ce qui est important.

Kylian opina.

Contre la Suède, quelques jours plus tard, il entra en jeu un quart d'heure avant la fin, mais ne fut pas capable de faire la différence. Au contraire des Suédois qui, sur une grossière erreur de relance de Lloris, inscrivirent un but inespéré dans les arrêts de jeu, battant les Bleus et leur ravissant la première place du groupe...

Le 13 juin, un nouveau match amical, contre l'Angleterre cette fois, attendait la France. L'occasion de refaire le plan de confiance après cette cruelle déconvenue.

Pour la première fois, Kylian se trouvait titulaire, aux côtés d'Olivier Giroud.

– Une chance à saisir, mon fils !

Son père se frottait les mains. Kylian ne marqua pas, cette fois, mais se mit énormément en valeur : une passe décisive, plus un tir sur la barre. Une nouvelle fois, la presse était sous le charme. « Il a mis le feu ! »

À la sortie du match, une meute de journalistes l'attendait. La même question était sur toutes les lèvres. Où allait-il jouer l'année prochaine ?

Kylian se contenta de sourire.

– Je sors d'un match. On va réfléchir. On va se poser en famille et réfléchir à tout ça. Je suis sous contrat avec Monaco. Je ne suis pas un joueur libre.

Le jeune attaquant tint promesse. Avec son clan, il descendit en Espagne, à Majorque. Sur le yacht où il se prélassait avec ses parents et quelques proches, il ne cessait de cogiter.

– Repose-toi quand même, lui conseillait sa mère.

Se reposer ? Compliqué. Il n'arrêtait pas de songer à la saison suivante. Où aller, et pour faire quoi ?

À la fin du mois de juin, un certain Zinédine Zidane l'appela en personne.

– Tu dois venir à Madrid. Si tu veux devenir une star internationale, pas de meilleur moyen.

– Mais est-ce que je serai titulaire ?

– Si Bale s'en va, oui. Sinon, il y aura un turn-over, et tout le monde aura sa chance. Je sais que cette question est centrale pour toi...

– Oui, elle l'est.

Kylian raccrocha. Il était très tenté, mais il avait besoin de peser le pour et le contre. D'autant qu'un autre rendez-vous se profilait : avec Unai Emery, le coach du PSG.

Lui avait un autre type d'argument, et le premier s'appelait Paris : la ville natale de Kylian.

Était-ce suffisant ? Le prodige de Bondy, celui que la presse appelait désormais « le petit prince », était un peu perdu. Quitter Monaco, alors qu'il commençait à s'y sentir chez lui ? Une maison avait été achetée, sur les hauteurs de Cap d'Ail, avec vue sur la mer. Toute sa famille vivait là, désormais, parmi les chants des cigales, dans la quiétude des collines.

Début juillet, l'entraînement avait déjà repris. Pour l'instant, le jeune attaquant était toujours monégasque. Et à la reprise du championnat ?

Les journalistes étaient insatiables : à l'affût du moindre indice, de la moindre déclaration. Kylian, qui avait appris de ses parents l'art de la discrétion et de l'humilité, continuait de dire qu'il ne savait pas.

Le prince Albert de Monaco lui-même était entré dans la partie. Il se déclarait « confiant ». Des « négociations » étaient en cours, concernant une conséquente augmentation de salaire.

Le petit prince ne commentait pas.

Le 14 juillet, jour de la fête nationale, Kylian posta une vidéo sur Twitter dans laquelle il annonçait avoir « fait son choix ». Mais ce n'était qu'une blague, un coup de pub orchestré avec Nike pour promouvoir une nouvelle paire de chaussures. Toujours aussi blagueur, le petit prince !

Le feuilleton continuait. Il devenait épuisant. Le 28 juillet, *Marca*, journal espagnol, indiqua que le Real et les Mbappé s'étaient mis d'accord pour un transfert. Montant ? 180 millions d'euros, un record historique ! Démenti rapide du vice-président, silence de l'intéressé. Et défaite 2-1, dans le match du Trophée des champions, contre le PSG...

Le 3 août, nouveau rebondissement : en grande pompe, les Parisiens annonçaient l'arrivée de Neymar pour 222 millions d'euros, le plus gros transfert de l'histoire du football.

Et du côté de Kylian ? Toujours rien. L'affaire qu'on annonçait conclue avec le Real n'avait pas l'air de l'être tant que ça.

Le 4 août, le championnat reprit. Mbappé, avec son numéro 10 dans le dos, jouait de nouveau avec les Monégasques. Sur le Rocher, on se félicitait. Le joueur allait rester...

Mais la situation n'était pas si limpide. Un matin, Wilfrid, dans le salon, indiqua le canapé à son fils.

– Bon, on a du nouveau.

– Quoi ?

– Monaco essaie de se mettre d'accord avec le Real.

– Mais...

– Sans nous en parler. Et au niveau du temps de jeu, rien n'est réglé. Parce que, pour ce que j'en sais, Bale va rester. Ta place n'est donc pas garantie. Voilà. Je voulais que tu saches où on en était.

Kylian présenta ses paumes vides.

– Alors, on fait quoi ?

– *Tu* fais quoi. À toi de choisir, mon grand. Soit tu restes, soit tu pars au Real, soit...

Il existait un troisième choix, et ce choix tenait en trois lettres : PSG.

Kylian n'avait pas du tout apprécié que des tractations s'opèrent sans lui. Au Real, malgré tout ce qui se racontait, il n'était pas sûr du tout de jouer.

Tandis qu'à Paris...

À Paris, Neymar venait de signer.

À Paris, on lui garantissait une place de titulaire en attaque.

C'est ainsi que le 31 août, quelques heures avant la clôture du marché des transferts, et alors que le jeune attaquant allait disputer un match avec l'équipe de France contre les Pays-Bas, le monde apprit que le petit prince serait parisien.

Le match contre les Pays-Bas se révéla une grande fête : victoire 4-0, et premier but du nouveau Parisien sous le maillot des Bleus ! Qui plus est, la Suède avait perdu, ce qui fait que la France reprenait la tête de son groupe. Le Mondial, de nouveau, se rapprochait.

À la fin de la rencontre, une fois de plus, une horde de journalistes fondit sur Kylian. Lui, parisien ? Qu'est-ce qui l'avait poussé à se décider ?

La réponse était claire :

– C'est le projet qui me permettait le plus de progresser, tout en jouant. Pour moi, c'était le plus important.

À Monaco, pendant les jours précédents, Kylian était resté prostré sur le banc de touche. Les rapports avec l'équipe dirigeante s'étaient terriblement tendus. Le petit prince n'avait pas du tout apprécié qu'on essaie de choisir à sa place. Il tenait à être le seul maître à bord. Si ses parents ne décidaient pas pour lui, ce n'était certainement pas pour qu'un club, quel qu'il soit, prenne les commandes ! Très vite, le nom du PSG était arrivé dans la conversation. « Mbappé veut jouer avec Neymar », titrait la presse. Et c'était vrai.

Autour de lui, cependant, l'affaire avait pris des proportions désagréables. Paris lui proposait un salaire à donner le tournis... et Monaco, soi-disant pour le « protéger », persistait à le laisser sur le banc. Forcés de négocier avec le PSG (puisque Kylian avait bien fait part de son intention d'y partir), les dirigeants monégasques avaient fait durer les tractations jusqu'au dernier moment. Pas idéal pour rester concentré.

– J'en ai marre, répétait-il à ses proches. Vivement que ça s'arrête, qu'on revienne au jeu !

Le 31, donc, l'officialisation de l'accord sonna comme une délivrance.

19

LE PHÉNOMÈNE DE BONDY CHOUCHOU DES MÉDIAS

« Bienvenue chez toi ! » Pour la conférence de presse annonçant sa venue, Kylian avait revêtu un costume bleu, une chemise blanche et une cravate noire, que sa mère l'avait aidé à nouer. Les journalistes, justement, tenaient d'abord à savoir si ses parents seraient aussi présents lors de cette saison qu'au cours des précédentes.

– Votre mère vous accompagnera-t-elle encore en voiture pour les entraînements ?

Kylian sourit. Question personnelle, donc. Manifestement, on en avait terminé avec les considérations sportives.

L'attaquant vedette avait d'abord expliqué combien il était heureux d'être à Paris, combien il voulait continuer à gagner des titres. On l'avait aussi interrogé sur la somme de son transfert – le deuxième plus cher du monde, après celui de Neymar – et il avait répondu en parlant du plaisir qu'il avait à jouer et du peu d'intérêt que lui inspiraient ses considérations. À présent, on passait à la sphère intime.

– A priori, non, répondit Kylian à la question sur sa mère et ses déplacements. On a mis un chauffeur à ma disposition.

– Retournerez-vous vivre chez vos parents ?

– Pour l'instant, je suis à l'hôtel. Mais on va trouver une maison pour toute la famille, et vite j'espère. Il n'y aura pas que mes parents dedans.

Le petit prince, ensuite, évoqua des souvenirs d'enfance. Les fois où il était déjà venu au Parc des Princes. Pour voir un match avec son père et quelques amis, ou quand son frère Jirès jouait contre le PSG...

Une séance photos, enfin, ponctua l'exercice. Kylian, qui savait l'importance de ces moments, se prêta au jeu de bonne grâce. Il posa seul, puis avec les hommes de sa famille – jusqu'à son petit cousin. Les supporters massés à l'entrée du stade étaient aux anges. À présent, place à la vérité du terrain.

Au sein du groupe, l'ambiance était au beau fixe. Les autres joueurs avaient tous accueilli Kylian avec grand enthousiasme. Premier objectif ? Reconquérir le titre de champion de France malencontreusement abandonné à Monaco.

Le petit prince avait gagné, au passage, un nouveau surnom : Donatello – comme la Tortue Ninja des dessins animés.

– Il ressemble un peu à une tortue... avait rigolé Adrien Rabiot. Et puis, Donatello, c'est l'intello de la bande, ça compte !

Kylian avait haussé les épaules. Bon, ce n'était pas le meilleur surnom du monde, mais il le prenait bien. Il tenait à montrer à l'équipe et aux autres qu'il était un garçon arrangeant, et toujours de bonne humeur. D'ailleurs, se rappela-t-il, ce n'était pas la première fois qu'on évoquait une tortue à son sujet. Ah, il était loin, le temps de la fable de La Fontaine...

Le 4 septembre 2017, pour son premier match sous les couleurs parisiennes (contre Reims), « Donatello » avait à cœur de produire d'emblée une grosse impression.

Aux côtés de Neymar et de Cavani, il formait l'attaque la plus chère du monde – et, sur le papier, l'une des plus redoutables.

Dès l'entame du match, son entente avec Neymar sauta aux yeux. Les deux joueurs, vifs, techniques, complémentaires, semblaient se trouver les yeux fermés. À la trente et unième, sur une ouverture du Brésilien, Kylian s'effaça avec élégance pour laisser Cavani « le matador » marquer. Ce n'était là que l'une des nombreuses occasions que les Parisiens s'étaient procurées.

Peu avant la mi-temps, contre le cours du jeu, les Messins égalisèrent.

Au retour des vestiaires, où Emery avait donné de la voix, Kylian et les autres repartirent avec de meilleures intentions. À la cinquante-neuvième, enfin ! D'une reprise imparable, et tandis que l'adversaire était réduit à dix, le prodige de Bondy redonna l'avantage aux siens. Par la suite, Kylian et les autres se ruèrent à l'assaut du but adverse, et les actions commencèrent à se succéder à un rythme infernal. Metz ne pouvait plus suivre : Neymar, Cavani encore et Lucas alourdirent le score. Marque finale ? 5-1 ! Déjà, le PSG semblait régner sur le Championnat de France.

Le reste de l'année, c'est Kylian lui-même qui nous le raconte…

Journaliste : Vous sembliez partis pour marcher sur vos adversaires.

Kylian : C'est vrai qu'en championnat, on s'est trouvés très vite.

J : Et pas qu'en championnat.

K : En Ligue des champions, contre Glasgow, on a frappé très fort : 5-0, leur plus lourde défaite à domicile. Edinson a marqué deux buts, Ney et moi un chacun.

J : Tout de suite, une belle complémentarité.

K : C'est plus facile, avec des joueurs comme ça. Contre le Bayern, en poule, on a gagné 3-0. On sentait qu'on inspirait de la peur. Face à Bordeaux, peu de temps après, on l'a emporté 6-1. J'ai marqué encore. Tout paraissait facile.

J : Tout ne l'était pas ?

K : Quand vous disposez d'une attaque pareille, les supporters s'attendent à ce que vous gagniez tous les matchs 5-0 minimum. En championnat, on était clairement au-dessus, on l'a compris assez vite. Ça ne nous a pas empêchés de galérer de temps en temps.

J : Vous avez connu un passage à vide en octobre.

K : Oui, j'étais placé en pointe, Edinson était absent, ça marchait moins bien. Contre Dijon, en Ligue 1, j'ai vendangé pas mal [rires]. Et puis contre Marseille, plus tard, encore un match pourri, 2/10 dans *L'Équipe*. [Il sourit.] Ça arrive, ce genre de trucs. C'est comme ça qu'on progresse.

J : C'est à ce moment-là qu'on a commencé à dire que vous preniez un peu la grosse tête.

K, pensif : Je crois que ça, pour le coup, c'est inévitable. Les gens ne vous connaissent pas, mais ils croient lire dans vos pensées. Deux matchs ratés, et ça y est, la presse s'emballe, il faut trouver une explication. On attendait énormément de moi, c'est tout à fait normal. Mais il y avait aussi des gens qui espéraient me voir chuter. Je suscitais un brin de jalousie, à mon avis.

J : Une période difficile ?

K : Oh, pas tant que ça. D'abord, ça n'a pas duré bien longtemps. Et puis, il y a eu la septième place au classement du Ballon d'or.

J : Un record de précocité, non ? Le précédent appartenait à Michael Owen. Vous êtes devenu le plus jeune nominé de l'histoire.

K : Il paraît. [Il réfléchit.] Bon, ce n'est pas très important.

J : En décembre, pour votre dix-neuvième anniversaire, vous vous teignez les cheveux en blanc.

K, hilare : Mais ça non plus, ce n'est pas important ! Ce qui l'a été plus, c'était le match, le jour de mon anniversaire. Là, je me suis remis dans le sens de la marche. J'ai été élu homme du match – un but, une passe décisive... Quand j'ai fait les comptes, j'ai réalisé que j'avais quand même réalisé une super-année 2017. Vous ne croyez pas ? Trente-trois buts en club, meilleur buteur français de l'année, tous championnats confondus... Et puis dix buts en Ligue des champions, ça aussi, je crois que c'était un record.

J : Il y en a un autre : vous avez été cité 44 056 fois par les médias : le sportif français le plus présent, devant

Deschamps, Zidane et compagnie. L'année précédente, vous occupiez la 219e place.

K, haussant les sourcils : Ah oui. Je suppose que ça marque une certaine progression [rires].

J : Le début de 2018 a été un peu plus délicat…

K : On a affronté le Real Madrid en Ligue des champions. Pas de chance au tirage, comme on dit. Mais l'équipe de Zidane n'était pas au mieux. En championnat, ils connaissaient des difficultés. Alors que nous, on se promenait… Peut-être qu'on a été trop confiants. Qu'on a oublié à qui on avait affaire.

J : Pourtant, le match commence bien.

K : Oui, on ouvre le score. Je centre, Nacho repousse sur Adrien [Rabiot], et bim ! 1-0 à la 33e ! Ce qui nous a tués, ça a été ce penalty, juste avant la mi-temps. On est rentrés aux vestiaires sur ce score de 1-1, et on a commencé à douter. Sur ce match, on était au moins aussi bons qu'eux. Mais je ne sais pas, ça a mal tourné. Ils ont connu une réussite maximale. Deux buts dans les dernières minutes. Et j'aurais pu réduire le score, mais je ne l'ai pas fait – une fois de plus, Navas a remporté son duel.

J : La presse, une fois encore, vous a chargé.

K : Sans doute qu'elle avait raison. Dans ce genre de rencontres, je suis censé être décisif. Et ça n'a pas été le cas.

J : Le retour n'a guère été plus brillant...

K, morose : Ney s'est blessé. Sans lui, ce n'était plus le même match. Moi, je n'étais pas au mieux, je sortais de blessure aussi. J'ai hésité à jouer – j'ai joué quand même. Mais il est clair que je n'étais pas à 100%. À la quarante-troisième minute, j'aurais pu ouvrir la marque. J'aurais pu aussi servir Edinson, qui était démarqué, j'ai voulu prendre ma chance... Bon, ça n'a pas fonctionné comme on l'espérait. Au retour des vestiaires, Ronaldo a ouvert le score. Là, on a compris que c'était fichu.

J : Dès lors, il ne vous restait que les compétitions nationales pour sauver votre saison.

K : La déception était immense. Mais on a quand même signé un triplé Championnat, Coupe et Coupe de la ligue. Tout le monde pense que c'est normal parce qu'on est Paris, qu'on est supposés écraser la concurrence. Il faut bien voir que, pour les adversaires, on est l'équipe à abattre. S'ils gagnent contre nous, de leur point de vue, c'est l'exploit de la saison, pour eux. Du nôtre, c'est juste un match de plus...

J : Vous avez terminé cette première saison avec vingt et un buts marqués et seize passes décisives. Et un deuxième trophée de meilleur espoir. Vous êtes entré au musée Grévin...

K : Oui, c'est assez dingue. Un autre moi ! [rires]. Ronaldo avait inauguré son double de cire deux ans plus tôt et à présent, j'étais là, enfin, ma statue était là, au milieu de tous ces gens si inspirants – inventeurs, vedettes, personnalités politiques, etc.

J : Quand est-ce que vous avez commencé à penser à la Coupe du monde ?

K : Tout le temps. J'y pensais sans arrêt. Je me souvenais de mes bravades, quand j'étais petit – j'avais dit que je la gagnerais, tout le monde trouvait ça mignon à l'époque. À présent, ça y était : j'allais la jouer. À 19 ans. [Il se fait songeur.] Des fois, je me demande si que je ne vais pas me réveiller, genre le gars prisonnier d'une réalité virtuelle, à la *Matrix*. Au fond de moi, je suis toujours ce petit garçon de Bondy qui contemple le stade par la fenêtre, puis qui rêvasse en regardant ses idoles à la télévision... Quand ça m'arrive, maintenant, je me pince la peau de l'avant-bras.

J : Et ça fait quoi ?

K : Mal ! [rires].

J : Finissons sur cette Coupe du monde. Au moment où vous arrivez en Russie, vous vous dites que vous pouvez la gagner, collectivement ?

K : On est dans notre bulle. Je ne sais pas comment ça se passe pour les autres mais moi, quand je commence à jouer une compétition, c'est pour la gagner, et rien d'autre. Je savais qu'on figurait parmi les favoris, je savais aussi qu'on était loin d'être les seuls. Mais c'était possible. Pourquoi est-ce qu'on n'aurait pas eu le droit d'y croire ?

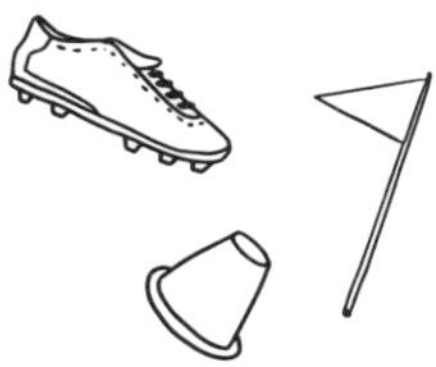

20

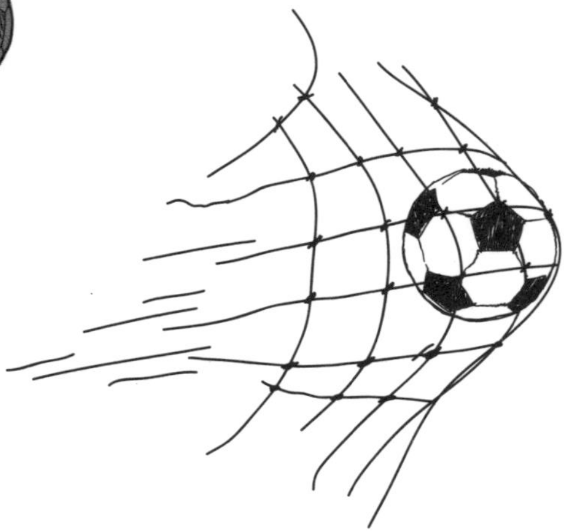

LE PLUS JEUNE BUTEUR FRANÇAIS EN COUPE DU MONDE

Fin mai, entouré de ses parents, Kylian découvrit son visage parmi les vingt-trois Français retenus par Deschamps.

Une discrète effusion de joie salua l'annonce. À dire vrai, ce n'était pas une véritable surprise. Il n'empêche : Fayza avait la larme à l'œil en étreignant son garçon. Quel chemin parcouru ! Quand elle le regardait, si heureux, si rayonnant, même, et sûr de sa force, elle se sentait envahie d'un immense sentiment de fierté.

– Maintenant, lui dit son père, tous les yeux du monde vont être braqués sur toi. N'oublie pas d'où tu viens, hein ?

— Je sais, papa.

— Obéis au coach. C'est un excellent entraîneur, peut-être le meilleur. La Coupe du monde, lui, il l'a déjà gagnée. Alors, fais-lui confiance, d'accord ?

Kylian haussa les épaules.

— Mais papa, tu crois quoi, au juste ? Je n'ai pas pris la grosse tête. Je suis juste un bon attaquant de 19 ans. Pour l'instant, je n'ai rien prouvé — en tout cas, pas grand-chose.

Contre l'Australie, lors du premier match du groupe C, la France ne se montra guère à son avantage. Largement favorite, elle ne s'imposa que 2-1, grâce à un penalty. Kylian, qui s'était procuré une occasion tranchante en début de match, s'éteignit peu à peu au fil du match. La faute à la chaleur ?

Peu après le coup de sifflet final, Deschamps l'entraîna dans un coin.

— Tu peux faire beaucoup mieux, Kylian. Ça va venir. Mais n'oublie pas le travail défensif. Vous êtes une équipe. Les autres ne sont pas à ton service. Quand ils ont besoin de toi, tu dois descendre pour les aider.

Kylian approuva. Voilà qui lui rappelait un discours tenu par un certain entraîneur des U17, quelques années plus tôt à Monaco. Sauf que cette fois, c'était le coach de l'équipe de France qui lui donnait des conseils. Il n'était plus un petit prodige au milieu d'une cohorte d'anonymes. Il était le rouage d'une machine de guerre, qui ne pouvait fonctionner que si tout le monde donnait le maximum.

Pour le deuxième match, contre le Pérou, Kylian fut de nouveau aligné. Les Sud-Américains avaient perdu leur première rencontre : une défaite de plus, et ils seraient éliminés. Autant dire qu'ils avaient la pression – obligation leur était donnée de « faire » un résultat.

Conscient des enjeux, secoué par son coach, Kylian, cette fois, n'hésita pas à venir prêter main-forte à Benjamin Pavard quand les circonstances l'exigeaient. Il n'en oubliait cependant pas ce qui faisait sa force : vitesse, audace, explosivité...

À la trente-quatrième, au second poteau, le gardien péruvien détourna de justesse une puissante frappe de Giroud. Kylian, qui se trouvait à la réception, n'eut plus qu'à pousser la balle dans le but vide. Premier but en Coupe du monde ! Quelle joie, quelle fierté ! Il s'imaginait tous les gamins de Bondy, ses supporters, ivres de bonheur devant leur écran...

En inscrivant ce but, il devenait le plus jeune buteur français en Coupe du monde de l'histoire. Mieux que Zidane, mieux que Thierry Henry !

La qualification était désormais acquise. Pour son troisième et dernier match de poule, la France affrontait le Danemark. Un nul, et elle se retrouverait première de son groupe. Était-ce réellement une bonne nouvelle ? En face se profilait l'Argentine de Leo Messi... Quoi qu'il en soit, les Bleus, ce jour-là, réalisèrent une partie bien médiocre. Un triste 0-0, qui manqua faire périr d'ennui les spectateurs. Mais pourquoi bouder son plaisir ? Ça y était ! La France allait affronter les redoutables Argentins en huitièmes de finale.

21

UNE ATTAQUE DE FEU

De retour à leur base d'entraînement, les joueurs essayèrent de rester dans leur bulle. Ils se doutaient bien que leur premier tour, même s'il s'était conclu par une première place, n'avait pas été accueilli par le public français avec des torrents d'enthousiasme. Les Bleus, disait-on, formaient une équipe bien organisée mais peu imaginative, et loin d'être flamboyante. On attendait beaucoup de Kylian Mbappé et, certes, il avait inscrit un but, mais pour le reste...

À présent, on allait voir ce qu'on allait voir. Même si les Argentins s'étaient sortis de justesse de leur poule, ils demeuraient une formation effrayante, avec une attaque de feu : Agüero, Dybala, Di María, avec qui Kylian évoluait au PSG et, évidemment, le grand, l'immense Leo Messi, que nombre d'observateurs tenaient pour le meilleur joueur du monde.

Au terme des entraînements, Deschamps continuait de s'entretenir avec Kylian, de lui prodiguer des conseils.

– Il faut que tu joues plus naturel. Que tu te lâches. Dans le même temps, j'attends de toi une attention de tous les instants. Les efforts défensifs... et l'imagination offensive. Je sais, ce n'est pas si simple. Mais dépasse-toi ! Offre des solutions à tes milieux, à tes latéraux... L'Argentine a une attaque formidable, mais une défense très friable. Nous, nous sommes moins spectaculaires, seulement, nous offrons de meilleures garanties derrière. Et puis, ne perds pas une chose de vue : tu n'es pas encore très connu en Amérique du Sud. Tout le monde a entendu parler de toi mais, pour l'instant, tu restes un espoir – une promesse qui demande encore à être tenue. Donc, reste à ta place. Laisse-les croire ce qu'ils veulent : que tu es impressionné, que tu as la trouille. Moi, je te connais, je sais que la peur, ce n'est pas ça qui te paralyse, jamais. Tu es un garçon intelligent. Essaie de réfléchir à la façon dont le match se déroule et pose-toi toujours la question : de quoi a besoin l'équipe, que puis-je lui apporter ? De l'abnégation ? Du courage ? De la folie ? Si tout le monde réfléchit et laisse ensuite la réflexion de côté pour jouer libéré, alors nous gagnerons, et nous irons loin. Pense et puis agis : voilà ce que je voulais dire. Ah, et une dernière chose.

Le coach avait posé une main sur son épaule, l'air grave.

– Oui ?

– Tu vas faire un grand match. Je le sens.

Pour Kylian comme pour ses coéquipiers, la suite de la compétition se passa comme dans un rêve. On aurait dit que rien ne pouvait atteindre cette équipe, que rien ne pouvait la déstabiliser.

En entrant sur le terrain, pour ce match qui s'annonçait comme le plus important de sa carrière, le natif de Bondy ressentit un profond émerveillement. Un stade plein comme un œuf, des supporters survoltés... Un huitième de finale de Coupe du monde, tout simplement.

– Qu'est-ce que je fais ici ? murmura-t-il pour lui-même après les hymnes, en allant prendre sa place.

Il souriait, comblé. Il ne ressentait pas la moindre crainte.

L'Argentine, finaliste en titre de l'édition précédente et deux fois vainqueur du trophée, n'était pas dans une forme éblouissante, on le leur avait répété. Et Kylian était bien décidé à frapper vite et fort.

Le début du match tourna vite à l'avantage des Français. Les contre-attaques du jeune prodige étaient fulgurantes. En première mi-temps, il fut à l'origine de trois coups francs dangereux et d'un penalty, transformé par Antoine Griezmann. 1-0 !

Mais les Argentins avaient de la ressource. Par un tir somptueux d'Ángel Di María (son fichu copain parisien), puis par une frappe de Gabriel Mercado (déviant une frappe de Lionel Messi), ces satanés Sud-Américains parvinrent à prendre l'avantage.

L'aventure des Bleus allait-elle s'arrêter ici ? C'était mal les connaître. D'une reprise imparable aux vingt mètres aussi somptueuse qu'improbable, Benjamin Pavard égalisa tout d'abord. Puis Kylian, à qui tout réussissait, signa un doublé faramineux, historique : deux buts en l'espace de quatre minutes, le premier en crochetant dans la surface pour se dégager un angle de tir, le deuxième à l'arrivée d'une action collective partant d'une relance de Hugo Lloris pour aboutir à une passe décisive d'Olivier Giroud.

À 19 ans, Kylian devenait le plus jeune joueur à inscrire deux buts en match éliminatoire de la Coupe du monde, depuis Pelé en 1958. Et malgré une tête victorieuse de Sergio Agüero dans le temps additionnel sur un centre de Lionel Messi, l'équipe de France sortit ainsi vainqueur de la confrontation. Exploit !

22

LES BLEUS EN DEMI-FINALE !

Mais ni Kylian ni les autres n'avaient réellement le temps de se réjouir. Ils étaient dans leur bulle, à présent, coupés du monde. Seul comptait le prochain match.

L'Uruguay, maintenant… Décidément, cette Coupe du monde ressemblait à une série d'escalades… Des montagnes, de plus en plus vertigineuses…

Didier Deschamps, visiblement très satisfait de la prestation de son jeune poulain, ne cessait jamais de lui parler à l'entraînement. Il n'était pas question d'exploit ni de performance personnelle, pas question de lui, Kylian : seulement de sa place dans l'équipe, de son rôle. De ses défauts de positionnement, aussi, de son manque d'investissement défensif, de tout ce qu'il pouvait encore corriger...

Tête baissée, le jeune attaquant écoutait les consignes.

Griezmann avait prévenu : face à une équipe d'Uruguay à la défense impénétrable (un seul but encaissé en 2018) et à l'attitude intraitable, on pouvait s'attendre à un match pénible. Et les coéquipiers d'un Hugo Lloris des grands jours ne furent pas déçus.

Jamais le quart de finale des Bleus n'atteignit le niveau de jeu proposé lors de France-Argentine, en huitièmes.

Les Français, pourtant, allaient sortir vainqueurs de la rencontre sans être jamais vraiment inquiétés par les coéquipiers de Suarez, orphelin de son compère d'attaque, Cavani – son partenaire du PSG avec qui Kylian avait échangé quelques mots au téléphone, à la veille de cette rencontre capitale.

– Désolé, Edinson. Je crois que ça va être chacun pour soi.

– Que le meilleur gagne, mon ami !

Après l'entame pleine de fougue des hommes d'Oscar Tavarez, qui tentaient de faire déjouer les Bleus, la première période commença rapidement à s'équilibrer. Pour Kylian, la rencontre était frustrante : peu d'espaces, un marquage strict... Parfois, il lançait des regards désemparés à son entraîneur, sur le banc. Deschamps, impassible, lui faisait signe de continuer, de ne rien lâcher.

Bientôt, Lloris s'interposa vaillamment sur une tête de Godin, se projetant à l'horizontale pour boxer la balle alors que Stuani traînait dans la surface.

Si l'arbitre argentin, Nestor Pitana, tentait de faire respecter l'ordre, il n'était pas pressé de sortir ses cartons face à la multiplication des fautes uruguayennes. Kylian, souvent, était à terre. C'était du foot, ça ?

Mais tandis que Bentancur, coupable d'un mauvais geste sur le jeune attaquant à quarante mètres de ses cages, avait été averti, la France se procura sa première grosse occasion. Et grâce à Varane, premier à jaillir sur le coup franc de Griezmann, elle en profita. La tête décroisée du défenseur du Real Madrid trompa Muslera et mit les Bleus sur de bons rails. 1-0 à la quarantième ! Oh, ce n'était pas le but du siècle, et Kylian ne réalisait pas son meilleur match, mais l'essentiel était fait : ouvrir le score.

« On savait que ça allait être un match moins technique, plus dans l'agressivité et le combat. Et aujourd'hui, on a démontré qu'on était là, ici aussi », soulignerait Paul Pogba au micro d'un journaliste après la rencontre.

En seconde période, les Français tentèrent de prendre le dessus sur une équipe uruguayenne manquant d'inspiration. Et c'est Griezmann, une fois encore, qui trouva la faille. Décochant « une frappe d'Olive et Tom » de l'extérieur de la surface de réparation, il vit son tir bloqué par Muslera – sauf que le gardien uruguayen manqua complètement son arrêt et se fit lober par la balle (2-0, soixantième).

La France en demi-finale !

Kylian en avait les larmes aux yeux. Si proches du but. Si loin encore...

Désormais, c'était l'obstacle de la Belgique qu'il allait falloir franchir. Une équipe joueuse, offensive, qui avait montré beaucoup de belles choses lors de cette compétition.

Et des belles choses, il y en eut encore. Dans le premier quart d'heure, notamment, alors que les Bleus ne voyaient pas le jour au milieu de terrain, tourneboulés par les offensives de Witsel, Fellaini et Hazard.

Ce dernier, en vrai leader, fut le premier à frapper pour les siens, mais sa première tentative, trop croisée, ne trouva pas le cadre. La deuxième, quelques minutes plus tard, aurait pu faire mouche sans l'intervention in extremis de Varane.

Hugo Lloris, transfiguré, s'offrit quelques parades somptueuses. Puis, comme souvent depuis le début de cette compétition, la machine française finit par se mettre réellement en marche. Après une grosse vingtaine de minutes passablement compliquées, les Français réussirent à retrouver un peu leur jeu. À trois reprises, Giroud eut l'opportunité de débloquer son compteur, mais il ne parvint pas à trouver la faille.

Pavard, lui, crut un temps revivre la soirée argentine des huitièmes, mais sa tentative trouva les gants de Courtois juste avant la pause.

Qu'importe ! Au retour des vestiaires, Umtiti finit par débloquer la situation sur corner, coupant la dynamique des Diables rouges. Inespéré !

Par la suite, un schéma attendu d'attaque-défense se mit en place. Les Bleus jouaient très bas, les Belges multipliaient les offensives maladroites et les Français se révélaient incapables de porter le coup de grâce en contre. Cocktail parfait pour une fin de match irrespirable ! Enfin, après six longues minutes d'arrêts de jeu, l'explosion de joie des Bleus et de leurs supporters fut totale. Pour la troisième fois en vingt ans, la France avait gagné le droit de disputer une finale de Coupe du monde.

Et Kylian dans tout ça ? Le jeune attaquant s'était dépensé sans compter, mais avait rarement paru à son avantage. Le match terminé, il resta dans son coin. Au fond de lui, il savait qu'il avait aidé les siens. Il n'avait pas marqué, mais il n'avait pas non plus ménagé ses efforts. Certes, la France n'avait pas réalisé un « beau » match. Et puis après ? L'essentiel, c'était d'être en finale.

Et Kylian voyait peu à peu son rêve se réaliser. Comme Zidane, Deschamps et les autres, il allait se voir offrir une opportunité merveilleuse : rapporter la coupe aux grandes oreilles à la maison. Pour son pays, bien sûr, mais aussi pour sa région, pour Bondy, pour tous ceux qui, depuis le commencement, avaient cru en lui, à commencer par sa famille, Ethan, qui marchait sur ses traces, Jirès, qui avait ouvert la voie pour lui, Pierre, toujours présent, et ses parents, bien sûr, irremplaçables, dont la sagesse et l'amour l'avaient si bien nourri !

23

CHAMPION DU MONDE !

Le jeune attaquant n'avait pas souvenir d'avoir jamais joué un match aussi compliqué. Les Croates donnaient tout. Mangés au milieu, transparents dans les duels, pauvres techniquement, incapables de se faire cinq passes, les Bleus souffrirent comme rarement en première période, face à des Croates à plus de 68% de possession de balle. Pourtant, les joueurs de Didier Deschamps parvinrent à atteindre la pause en menant 2-1 : le premier but avait été inscrit contre son camp par Mario Mandžukic, déviant de la tête hors de portée de son gardien Danijel Subašic un coup franc tiré par Antoine Griezmann. Et si Ivan Perišic égalisait dix minutes plus tard après trois duels aériens remportés par les Croates dans la surface française, une main du même Perišic, pressé par Blaise Matuidi sur un corner tiré par Antoine Griezmann, conduisit à un penalty après consultation de l'arbitrage vidéo. Ce dernier, une fois encore, fut transformé à la trente-huitième minute par le joueur de l'Atlético Madrid, le seul « tir cadré » des Bleus en première mi-temps.

Au début de la seconde mi-temps, Hugo Lloris fut mis à contribution et, dès la quarante-septième minute, le capitaine des Bleus sortit d'une claquette une frappe d'Ante Rebic qui avait réussi à entrer dans la surface suite à un service d'Ivan Rakitic. En l'espace de six minutes, de la cinquante-neuvième à la soixante-cinquième en deuxième période, le score bascula définitivement en faveur de la France : Paul Pogba se trouvait au départ (une longue ouverture sur Kylian)... et à l'arrivée du troisième but français après une remise de Griezmann : le fier milieu s'y reprit ensuite à deux fois, d'abord avec un tir du pied droit contré, puis, le ballon lui revenant dans les pieds, en trompant Subašic d'une frappe sèche du pied gauche.

Kylian, qui marchait sur l'eau, devint ensuite le plus jeune joueur après Pelé à marquer en finale de Coupe du monde. Après un débordement et un centre de Lucas Hernandez, il contrôla le ballon devant la surface au vingt-cinquième mètre et, au ras du poteau, tira du pied droit pour porter le score à 4-1.

Quelle extase ! Face au stade en fusion, bras croisés, le petit attaquant de Bondy, qui avait grandi si vite, se présentait face à des milliards de spectateurs. C'était gagné, ou presque !

Bien sûr, les Croates tentèrent le tout pour le tout. Et un frisson parcourut les supporters français quand, à la suite d'une erreur de Hugo Lloris – une passe en retrait de Samuel Umtiti, qu'il négocia au plus mal devant un Mario Mandžukic accouru à sa rencontre – les Croates réduisirent le score. Mais il était trop tard. Trop tard pour priver les Bleus de leur trophée.

Le match se termina sur le score de 4-2. Depuis le Brésil en 1970, la France était la première équipe à gagner la finale en marquant quatre buts. Kylian n'entendait plus rien, que le grondement du public, une houle de joie qui le portait au-delà du stade, au pays de son enfance – là où tout avait commencé.

On se jeta sur lui. On cria son nom, et d'autres. Deschamps le serra dans ses bras. « Fantastique. » Il se laissait faire, hagard. Il était là, et il était déjà ailleurs.

Pour la plupart des joueurs, la Coupe du monde est un aboutissement, une chance souvent unique : le couronnement d'une carrière bien remplie, au terme d'années et d'années d'efforts et de désillusions.

Pas pour Kylian. Après Pelé, il s'imposait sans conteste comme le plus jeune prodige du football mondial. Et il souriait, tranquillement, au milieu du terrain, tandis que ses coéquipiers – ses amis – se jetaient dans les bras les uns des autres.

Pour lui, au contraire, tout commençait. Il n'avait pas 20 ans. Il avait inscrit quatre buts en phase finale et il était déjà champion du monde.

L'avenir lui appartenait. Mille autres exploits restaient à rêver...

BONUS !

KYLIAN MBAPPÉ

KYLIAN MBAPPÉ

Position principale : Attaquant
Pied fort : droit

Maillot : N°7 (Paris-SG)
N°10 (Équipe de France)

Parcours :
AS Bondy (2004-2011) ;
INF Clairefontaine (2011-2013) ;
AS Monaco (2013-2018) ;
Paris-SG (2018-)

Surnom : Donatello (ou Razmoket à l'AS Monaco)
Date de naissance : 20 décembre 1998
Lieu de naissance : Paris
Taille : 1,78 mètre
Poids : 73 kg

Carrière en sélection nationale :
59 sélections

PALMARÈS

➜ EN CLUB

Vainqueur du Trophée des champions : 2019, 2020, 2021 (Paris-SG)
Champion de France : 2017 (AS Monaco) ; 2018, 2019, 2020, 2022 (Paris-SG)
Vainqueur de la Coupe de France : 2018, 2020, 2021 (Paris-SG)
Vainqueur de la Coupe de la Ligue : 2018 (Paris-SG)
Finaliste de la Ligue des champions : 2020, (Paris-SG)

➜ EN SÉLECTION

Vainqueur de la Coupe du monde : 2018 (France)
Vainqueur de la Ligue des Nations de l'UEFA : 2021 (France)

➜ PERSONNELLE

Membre de l'équipe-type de Ligue 1 : 2017, 2018, 2019
Membre de l'équipe-type de la Ligue des champions : 2017, 2020
Meilleur jeune joueur de la Coupe du monde de football : 2018
Membre de l'équipe-type FIFA/FIFPro : 2018, 2019
Joueur français de l'année : 2018, 2019
Meilleur buteur du Championnat de France : 2019, 2020
Meilleur joueur de Ligue 1 : (Trophée UNFP) : 2019, 2020, 2021
Trophée UNFP du meilleur joueur de Ligue 1 : 2019, 2021 et 2022
Meilleur buteur de Ligue 1 : 2019, 2020, 2021 et 2022
Meilleur passeur de Ligue 1 : 2022
Homme du match lors du Trophée des champions : 2019
Meilleur buteur et passeur de la Ligue des Nations de l'UEFA : 2021

NUMÉRO 7 À LA MBAPPÉ

LE « POSTE »

Placé au plus haut du terrain à proximité des buts adverses, l'**attaquant** a pour tâche principale de concrétiser le jeu offensif de son équipe en marquant des buts et en créant des occasions.
Décisif, le rôle de l'attaquant peut toutefois varier en fonction de ses qualités et de l'organisation tactique de l'équipe. Il se répartit ainsi entre ailiers et avant-centre.
Classiquement, les ailiers, techniques et rapides, évoluent le long de la ligne de touche en attaque.
Situé dans l'axe au plus près du but adverse, l'avant-centre chargé de concrétiser les actions de son équipe doit faire preuve d'excellents appels de balle, de sang-froid, de finition et d'audace.
Dans le football moderne de ces dernières années, la position du 7 sur le terrain est plus mobile suivant le profil du joueur : il peut décrocher en se plaçant derrière son avant-centre ou à ses côtés, ou jouer davantage au milieu pour assumer une part plus défensive.
C'est souvent le poste le plus valorisé dans les médias.

LES MEILLEURS NUMÉROS 7

Lionel Messi, Cristiano Ronaldo, Chris Waddle, Raúl, Luis Figo, Andriy Shevchenko...

LE 7 SELON MBAPPÉ

Kylian Mbappé est redoutable à tous les postes offensifs et peut s'adapter à chaque situation.
Mbappé a en effet joué quasiment autant de matchs en tant qu'avant-centre qu'en tant qu'ailier (droite ou gauche), malgré son penchant à prendre le côté gauche même quand il joue avant-centre.
C'est dans le rôle de deuxième attaquant sur l'aile gauche que l'international produit le plus de passes décisives potentielles et qu'il crée plus de danger, une position qui lui permet d'exploiter à merveille sa vitesse ainsi que son pied droit, comme lors de son triplé face à l'OL en mars 2020.
Ses forces sont :
• Sa capacité à transformer quasiment la moindre occasion en but
• Sa vitesse
• Sa capacité d'accélération sur quelques mètres
Il peut encore améliorer ses courses de repli défensif et faire preuve de plus de régularité dans le contre-pressing.

JOUE-LA TACTIQUE

LE 3-5-2

Cette formation a été très utilisée lors de la Coupe du monde 2002 par le Brésil (vainqueur) et l'Allemagne notamment, ou plus récemment réinstaurée par Thomas Tuchel pour certaines rencontres au PSG avec un duo Mbappé-Neymar devant. Dans le championnat français, les Girondins de Bordeaux et l'Olympique de Marseille, sous l'impulsion de Marcelo Bielsa et récemment de Jorge Sampaoli, l'utilisent.

La répartition des joueurs sur le terrain se décompose de la manière suivante : 3 défenseurs centraux, 5 milieux de terrain et 2 attaquants.

Cette disposition tactique densifie la défense centrale. Le but est de gagner la fameuse « bataille du milieu » en augmentant la capacité de l'équipe à récupérer rapidement le ballon loin de son but et de contraindre l'adversaire à ressortir le ballon vers l'arrière. Dans ce cas, les deux attaquants prennent le relais pour maintenir la pression sur l'équipe adverse qui sera contrainte de chercher un jeu long plus difficile à négocier.

LES AVANTAGES :

- ➜ La densité du milieu de terrain et l'occupation de toute la largeur.
- ➜ Le verrouillage de l'axe avec les 3 défenseurs centraux qui obligent l'adversaire à passer par les ailes.
- ➜ La possibilité d'un pressing sur l'équipe adverse avec 7 joueurs à disposition.
- ➜ La flexibilité du système grâce aux 2 milieux latéraux permettant un passage rapide d'une défense à 3 à une défense à 5.

LES INCONVÉNIENTS :

- ➜ Faiblesse défensive sur les ailes.
- ➜ Efforts physiques très importants demandés aux 2 milieux latéraux qui doivent occuper tout le couloir défensivement et offensivement.
- ➜ Les attaquants doivent proposer un maximum de solution devant.

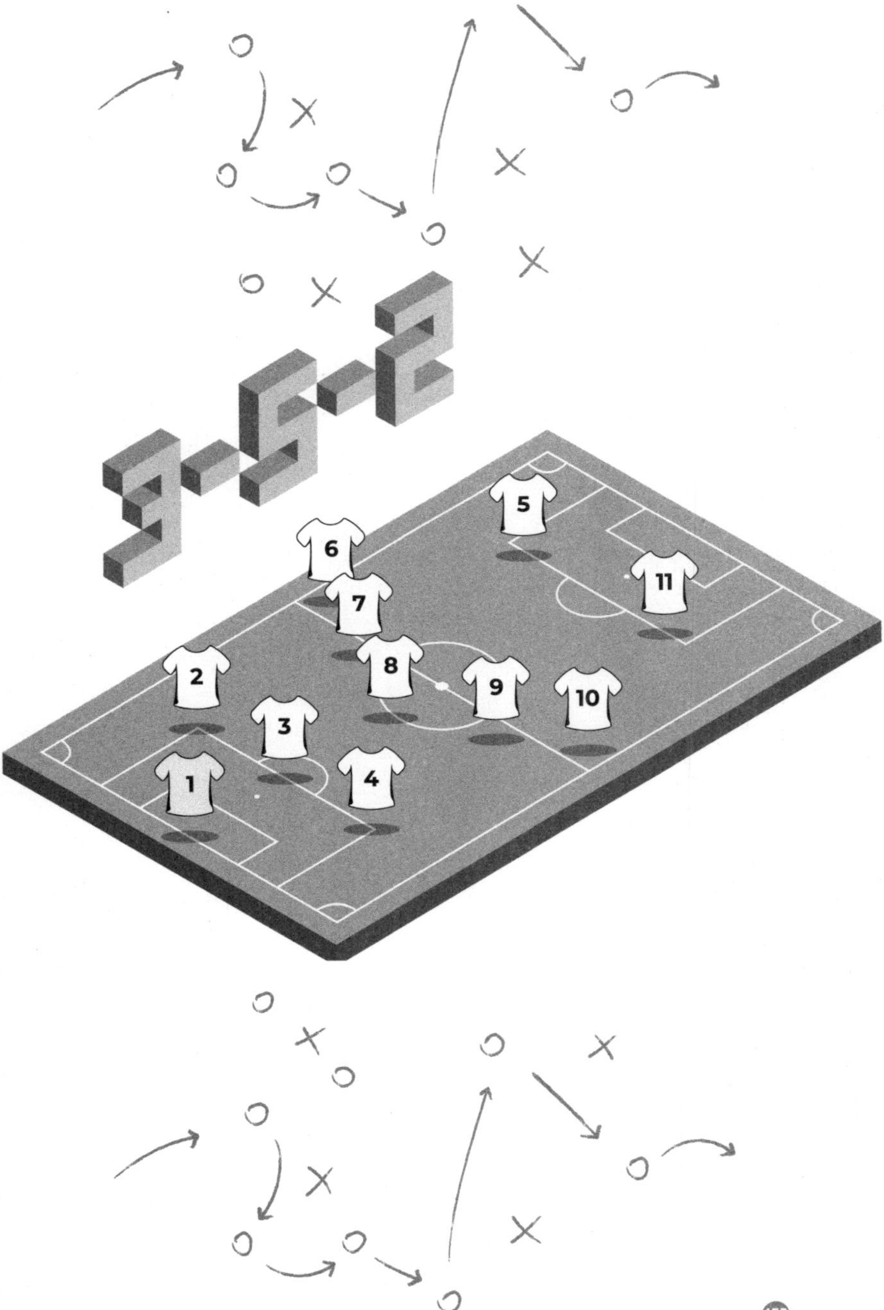
3-5-2
5
6
11
7
2
8
9
10
3
1
4

ATTAQUANT

Placé au plus haut sur le terrain, l'attaquant a pour rôle de marquer des buts, même si tous les joueurs de l'équipe peuvent le faire.

Selon l'organisation tactique choisie, le nombre d'attaquants au sein de l'équipe varie entre 1 et 3. S'il y a un attaquant principal,
il s'agit de l'attaquant de pointe. S'il y a deux attaquants, on les appelle l'avant droit et l'avant gauche. S'il y a trois attaquants, on qualifie celui placé à gauche d'ailier gauche, celui placé à droite d'ailier droit, celui du milieu, généralement plus avancé dans l'axe, étant l'attaquant de pointe ou avant-centre.

Kylian a le génie de pouvoir évoluer à tous les postes offensifs et de s'adapter à tous les schémas, même s'il semble avoir ses préférences.

« J'aime beaucoup cette position de deuxième attaquant. J'ai commencé dans un 4-4-2 à Monaco avec Falcao, mais aussi au PSG sous Tuchel. Je me mets où le coach décide et je donne le maximum pour aider l'équipe, mais c'est vrai que je me sens bien dans cette position », déclarait le champion. Résultats ? Après 2019, 2020 et 2021, le crack de Bondy a décroché un quatrième titre de meilleur buteur de L1 au terme de la saison écoulée. Mieux, il a réalisé l'exploit inédit en France jusqu'ici de terminer meilleur buteur et meilleur passeur du championnat (25 et 17). « Quand on est un grand joueur, quand on aspire à être un joueur qui reste dans l'histoire, il ne faut pas choisir [entre les buts et les passes décisives] » affirmait-il lors de la remise des Trophées. Un sacré champion – que ses fans sont heureux de voir rester au PSG par ailleurs –, et qui n'a pas démérité en sélection nationale avec 26 buts marqués en 54 matchs !

Les qualités de l'attaquant sont :

- La puissance et l'agilité dans les duels
- Une excellente finition, le sens du but
- La vitesse
- Un bon jeu de pieds et de tête
- Un mental d'acier et l'audace
- L'efficacité et la vivacité de décision
- L'intelligence du jeu

Jean-Claude Lafargue, qui a dirigé Kylian Mbappé à l'Institut national de formation de Clairefontaine, l'avait constaté : « *Quand il est arrivé, Kylian se positionnait très souvent à gauche. En matière de repères, il est vrai que ce côté est celui où il a le plus évolué. On retrouve cette caractéristique chez les joueurs de très, très haut niveau : Thierry Henry, Cristiano Ronaldo ou Lionel Messi ont souvent évolué sur le côté opposé à leur pied fort. Néanmoins, grâce à leur immense potentiel et leur intelligence, ils sont capables d'être aussi efficaces sur d'autres positionnements. Raison pour laquelle ils se démarquent et font partie des top joueurs.* »

À TOI DE JOUER !

1. À la naissance de Kylian Mbappé, quel objet son oncle dépose-t-il dans son berceau ?
2. Dans quel club le père de Kylian MBappé était-il entraîneur ?
3. Quel est le prénom du frère de Kylian Mbappé, également joueur de football ?
4. Comment s'appelle le directeur du centre de formation de l'AS Monaco qui y a fait jouer Kylian Mbappé en U19 ?
5. À quel âge Kylian Mbappé joue-t-il son premier match « pro » ?
6. En quelle année Kylian Mbappé a-t-il remporté la coupe Gambardella ?
7. À l'occasion de quel match Kylian Mbappé fut-il titulaire pour la première fois en équipe de France aux côtés d'Olivier Giroud ?
8. Dans quel musée parisien Kylian Mbappé a-t-il une statue à son effigie ?
9. Quel numéro Mbappé porte-t-il en équipe de France ?
10. Combien de buts Kylian Mbappé a-t-il marqués contre la Croatie lors de la finale de la Coupe du monde de 2018 ?

1 Un ballon de football ; 2 AS Bondy ; 3 Jirès ; 4 Frédéric Barilaro ; 5 16 ans 11 mois et 12 jours ! ; 6 2016 ; 7 Le 13 juin 2017, match amical contre l'Angleterre ; 8 Le musée Grévin ; 9 N°7 ; 10 1.

5 MOTS EXPLIQUÉS

Claquette :

Geste du gardien qui consiste à repousser le ballon au-dessus du but avec le plat de la main.

Contre ou « jouer le contre » :

Cela consiste à récupérer le ballon dans sa propre moitié de terrain et à aller très rapidement jouer son attaque avant que l'équipe adversaire n'ait pu se réorganiser défensivement.

Coup du sombrero :

Il s'agit d'un geste technique qui permet au joueur de faire passer la balle au-dessus de son adversaire et de la récupérer, une fois retombée, derrière l'adversaire.

Coup du chapeau :

Ou « Hat-trick », signifie qu'un joueur marque 3 buts dans le temps réglementaire d'un match, sans compter l'épreuve des tirs au but, après les prolongations. Le « Perfect hat-trick » consiste à marquer 3 buts à la suite, sans qu'aucun autre joueur, adverse ou coéquipier, n'ait marqué entre-temps.

Doublé :

Pour un footballeur, on évoque un doublé lorsqu'il marque deux buts durant une rencontre. Pour un club de football, le doublé consiste à remporter le championnat de son pays ainsi que la coupe nationale lors de la même saison.

TABLE DES MATIÈRES